Análise de discurso crítica

Viviane de Melo Resende
Viviane Ramalho

Análise de discurso crítica

Copyright © 2006 Viviane de Melo Resende e Viviane Ramalho

Todos os direitos desta edição reservados à
Editora Contexto (Editora Pinsky Ltda.)

Capa e diagramação
Gustavo S. Vilas Boas

Revisão
Daniela Marini Iwamoto
Ruth M. Kluska.

Dados Internacionais de Catalogação na Publicação (CIP)
(Câmara Brasileira do Livro, SP, Brasil)

Resende, Viviane de Melo
Análise de discurso crítica / Viviane de Melo Resende e Viviane Ramalho. 2. ed., 3ª reimpressão. – São Paulo : Contexto, 2025.

Bibliografia
ISBN 978-85-7244-333-3

1. Análise de textos 2. Análise do discurso 3. Ciências sociais – Pesquisa 4. Fairclough, Norman, 1941 – Crítica e interpretação 5. Pesquisa linguística 6. Teoria crítica I. Ramalho, Viviane. II. Título.

06-2598 CDD-401.41

Índice para catálogo sistemático:
1. Análise do discurso crítica : Linguagem e comunicação 401.41

2025

Editora Contexto
Diretor editorial: *Jaime Pinsky*

Rua Dr. José Elias, 520 – Alto da Lapa
05083-030 – São Paulo – SP
PABX: (11) 3832 5838
contato@editoracontexto.com.br
www.editoracontexto.com.br

Proibida a reprodução total ou parcial.
Os infratores serão processados na forma da lei.

Sumário

Apresentação 7

Noções preliminares 11
    Os paradigmas formalista
    e funcionalista na investigação linguística 12
    Linguagem e poder: influências sobre a ADC 14
    A constituição da Análise de Discurso Crítica 20

Ciência Social Crítica e Análise de Discurso Crítica 25
    Discurso como prática social 26
    Discurso na modernidade tardia 30
    Discurso como um momento de práticas sociais 35
    Discurso e luta hegemônica 43
    Discurso e ideologia 47

Linguística Sistêmica Funcional e
Análise de Discurso Crítica 55
    Linguística Sistêmica Funcional
    e a complexidade funcional da linguagem 56
    Significado acional e gênero 61
    Significado representacional e discurso 70
    Significado identificacional e estilo 76

Exemplos de práticas de análise 91
    A invasão estadunidense ao Iraque
    no discurso da imprensa brasileira 92
    O discurso sobre a infância nas ruas
    na Literatura de Cordel 114

Considerações finais 145

Bibliografia 153

Apresentação

A Análise de Discurso Crítica (ADC) é uma abordagem teórico-metodológica para o estudo da linguagem nas sociedades contemporâneas que tem atraído cada vez mais pesquisadores(as), não só da Linguística Crítica mas também das Ciências Sociais. Há, entretanto, uma carência notável de obras introdutórias a respeito da ADC. Dada a complexidade da abordagem – transdisciplinar e multidisciplinar –, muitos(as) pesquisadores(as) sentem dificuldade quando iniciam suas leituras em ADC.

Este livro busca suprir parcialmente essa defasagem, apresentando uma revisão introdutória, mas não superficial, da obra de Norman Fairclough, maior expoente da ADC. Trata-se, então, de uma introdução à Teoria Social do Discurso, vertente da ADC desenvolvida por esse linguista britânico. Nossa revisão abrange, principalmente, três fases de sua produção: (1) o modelo tridimensional para ADC, presente nas obras *Language and Power* (1989) e *Discourse and Social Change* (1992), (2) o enquadre de Chouliaraki e Fairclough proposto em *Discourse in Late Modernity: rethinking critical discourse analysis* (1999), em que se recontextualizam abordagens da Ciência Social Crítica (CSC) na ADC, e (3) o enquadre para a análise textual em pesquisas sociais, apresentado em *Analysing Discourse: textual analysis for social research* (2003), baseado na Linguística Sistêmica Funcional (LSF) de Halliday.

Além de discutir a teoria e o método em ADC, também abordamos algumas categorias analíticas potencialmente férteis, pois acreditamos que isso possa ajudar a iluminar eventuais análises futuras. Procuramos ilustrar a discussão com figuras e quadros que facilitem a consulta na hora do trabalho prático de análise.

Embora o livro seja uma revisão da obra de Norman Fairclough, não nos restringimos apenas a esse autor. Uma vez que a ADC operacionaliza conceitos oriundos tanto da Linguística quanto das Ciências Sociais, agregamos a este livro reflexões de autores como Halliday, Bakhtin, Foucault, Van Leeuwen, Rajagopalan, Thompson, Giddens, Castells, Harvey, Hall, Gramsci, Bhaskar.

No capítulo "Noções preliminares", discutimos conceitos básicos da teoria em ADC, como *discurso* e *prática social*. Buscamos localizar a ADC entre os discursos teóricos da linguística contemporânea e apontamos alguns estudos sobre discurso e poder que contribuíram para a constituição da ADC.

No capítulo "Ciência Social Crítica e Análise de Discurso Crítica", confrontamos os *enquadres teórico-metodológicos* apresentados em Fairclough (2001a) e em Chouliaraki e Fairclough (1999), sustentando nossa hipótese de que a centralidade do *discurso* como foco dominante de análises deu lugar à centralidade em *práticas sociais*, de forma que o discurso passou a ser visto como *um* momento das práticas sociais, interconectado a outros momentos igualmente importantes para pesquisas em ADC.

Tendo em vista a discussão da recontextualização da Ciência Social Crítica em ADC realizada no capítulo precedente, em "Linguística Sistêmica Funcional e Análise de Discurso Crítica" nos dedicamos à discussão da operacionalização em Fairclough (2003a) do postulado da Linguística Sistêmica Funcional. Queremos lembrar que as duas faces da análise de discurso, social e linguisticamente orientada, encontram-se separadas apenas para fins didáticos – não podem ser separadas no trabalho analítico, pois o objetivo da análise é justamente mapear as conexões entre relações de poder e recursos linguísticos utilizados em textos. Focalizamos os *principais tipos de significados do discurso* propostos em Fairclough (2003a) – acional, representacional e identificacional – e discutimos algumas *categorias analíticas da ADC* segundo cada um dos tipos de significado, apresentando alguns exemplos que possam tornar mais claras as noções discutidas.

No capítulo "Exemplos de práticas de análise", apresentamos um breve recorte de nossos trabalhos de pesquisa a fim de oferecer alguns exemplos de aplicação do arcabouço teórico-metodológico da ADC em análises que se ocupam de problemas sociais parcialmente discursivos.

Esperamos, acima de tudo, que este livro represente uma contribuição para pesquisadores(as) de todas as áreas, os quais, direta ou indiretamente, trabalham ou podem vir a trabalhar com análises de *textos*, estes vistos como produções sociais historicamente situadas que dizem muito a respeito de nossas crenças, práticas, ideologias, atividades, relações interpessoais e identidades. Também queremos acreditar que este livro possa viabilizar o diálogo entre a Linguística e as Ciências Sociais a fim de superar, por um lado, pesquisas em Ciências Sociais que não contemplam análise de textos e, portanto, tendem a ignorar a relevância da linguagem nas práticas sociais contemporâneas, e, por outro, pesquisas em Linguística que desconsideram teorias sociais, ignorando que textos constituem produções sociais.

Noções preliminares

A Teoria Social do Discurso é uma abordagem de Análise de Discurso Crítica (ADC), desenvolvida por Norman Fairclough, que se baseia em uma percepção da linguagem como parte irredutível da vida social dialeticamente interconectada a outros elementos sociais (Fairclough, 2003a). Trata-se de uma proposta que, com amplo escopo de aplicação, constitui modelo teórico-metodológico aberto ao tratamento de diversas práticas na vida social, capaz de mapear relações entre os recursos linguísticos utilizados por atores sociais e grupos de atores sociais e aspectos da rede de práticas em que a interação discursiva se insere. Os conceitos centrais da disciplina são os de *discurso* e *prática social*. Neste capítulo, discutiremos esses e outros conceitos básicos da teoria, buscaremos localizar a ADC entre os discursos teóricos da linguística contemporânea e também apontaremos alguns estudos que contribuíram para a constituição da ADC e cujos enfoques voltam-se, de certa forma, para a díade *discurso* e *sociedade*.

Os paradigmas formalista e funcionalista na investigação linguística

As diferenças entre as abordagens formalista e funcionalista decorrem de duas visões distintas acerca da linguagem: a *formalista* julga a linguagem um objeto autônomo, enquanto a *funcionalista* a julga um objeto não suficiente em si. Isso significa que, para os formalistas, as funções externas da linguagem não influenciariam sua organização interna, e a autonomia formal da gramática, nessa perspectiva, não prevê interseções entre os módulos que a compõem (fonologia, morfologia, sintaxe e semântica), os quais também seriam autônomos. A perspectiva funcionalista da linguagem, por sua vez, repousa sobre duas proposições contrárias às da formalista: a linguagem tem funções externas ao sistema, que são a parte central dos estudos linguístico-discursivos, e essas funções externas são responsáveis pela organização interna do sistema linguístico (Schiffrin, 1994).

Tal divergência de prismas entre as abordagens implica os construtos teóricos de duas gramáticas distintas. De um lado, a gramática formalista trata da estrutura sistemática das formas de uma língua; de outro lado, a gramática funcionalista analisa as relações entre as formas e as funções linguísticas. Daí ser esse último o modelo mais abrangente, sobretudo porque, enquanto o paradigma formalista perde de vista as funções da linguagem, o funcionalista analisa tais funções via forma, investigando como a forma atua no significado e como as funções influenciam a forma (Neves, 1997).

Dessas duas diferentes abordagens acerca da linguagem emergem também duas diferentes definições de discurso. No paradigma formalista, o discurso é definido como a unidade acima da sentença; no funcionalismo, como a linguagem em uso. A definição de discurso como nível de estrutura acima da sentença contém, segundo Schiffrin (1994), um problema imediato: o discurso não apresenta características semelhantes às da sentença. Além disso, se sentenças não têm existência fora do discurso e se são criadas *no* discurso, parece contraditório definir o discurso como constituído daquilo que ele mesmo cria.

Para analistas de discurso, somente o conceito funcionalista de discurso é aplicável, uma vez que o foco de interesse não é apenas a interioridade dos sistemas linguísticos, mas, sobretudo, a investigação de como esses sistemas funcionam na representação de eventos, na construção de relações sociais, na estruturação, reafirmação e contestação de hegemonias no discurso. Está claro, entretanto, que o conhecimento acerca da gramática – uma gramática funcionalista – é indispensável para que se compreenda como estruturas linguísticas são usadas como modo de ação sobre o mundo e sobre as pessoas.

É preciso reconhecer, então, a necessidade de equilíbrio entre forma e função nos estudos da linguagem. Isso porque é temerário reduzir a linguagem a seu papel de ferramenta social, bem como reduzi-la ao caráter formal, imanente do sistema linguístico, pois "língua não é forma nem função, e sim atividade significante e constitutiva" (Marcuschi, 2005, p. 3). A busca desse equilíbrio é uma das grandes contribuições da Análise de Discurso Crítica, uma vez que se trata de uma abordagem social e linguisticamente orientada (Fairclough, 2001a). Nas próximas seções, abordaremos influências teóricas que possibilitaram essa orientação social e linguística da ADC.

Linguagem e poder: influências sobre a ADC

A ADC é, por princípio, uma abordagem transdisciplinar. Isso significa que não somente aplica outras teorias como também, por meio do rompimento de fronteiras epistemológicas, operacionaliza e transforma tais teorias em favor da abordagem sociodiscursiva. Assim sendo, a ADC provém da operacionalização de diversos estudos, dentre os quais, com base em Fairclough (2001a), destacamos os de Foucault (1997, 2003) e de Bakhtin (1997, 2002), cujas perspectivas vincularam *discurso* e *poder* e exerceram forte influência sobre a ADC.

Bakhtin (1997, 2002) foi fundador da primeira teoria semiótica de ideologia, da noção de "dialogismo" na linguagem e precursor da crítica ao objetivismo abstrato de Saussure (1981). Em seus ensaios filosóficos marxistas sobre a linguagem, sustentou que a "verdadeira substância da língua" não repousa na interioridade dos sistemas linguísticos, mas no processo social da *interação verbal* (Bakhtin, 2002, p.123).[1] Seguindo preceitos do Materialismo Histórico, essa filosofia apresenta a *enunciação* como realidade da linguagem e como estrutura socioideológica, de sorte que prioriza não só a *atividade* da linguagem mas também sua *relação indissolúvel* com seus usuários.

Bakhtin (2002) sustentou que as leis do objetivismo abstrato, orientação do pensamento filosófico-linguístico da proposta saussuriana, incorrem no equívoco de separar a língua de seu conteúdo ideológico por postularem que as únicas articulações a que os signos linguísticos se submetem ocorreriam, estritamente, entre eles próprios no interior de um sistema fechado. Com vistas à superação de tal equívoco, Bakhtin (2002, p. 94) apresenta o meio social como o centro organizador da atividade linguística, refutando a identidade do signo como mero sinal e desvencilhado do contexto histórico:

> O elemento que torna a forma linguística um signo não é sua identidade como sinal, mas sua mobilidade específica; da mesma forma que aquilo que constitui a decodificação da forma linguística não é o reconhecimento do sinal, mas a compreensão da palavra em seu sentido particular, isto é, a apreensão da orientação que é conferida à palavra por um contexto e uma situação precisos, uma orientação no sentido da evolução e não do imobilismo.

Na filosofia marxista da linguagem, o signo é visto como um fragmento material da realidade, o qual a refrata, representando-a e a constituindo de formas particulares de modo a instaurar, sustentar ou superar formas de dominação.[2] Ao contrário da filosofia idealista e da psicologia, que localizam a ideologia na consciência, o Marxismo a localiza no signo, dado que a própria consciência só pode existir mediante sua materialização em signos criados no processo de interação social:

> Desde o começo, pesa uma maldição sobre o "espírito", a de ser "maculado" pela matéria que se apresenta aqui em forma de camadas de ar agitadas, de sons, em resumo, em forma de linguagem. A linguagem [...] é a consciência real, prática, que existe também para os outros homens, que existe, portanto, também primeiro para mim mesmo e, exatamente como a consciência, a linguagem só aparece com a carência, com a necessidade dos intercâmbios com outros homens.
> [...] A consciência é, portanto, de início, um produto social e o será enquanto existirem homens. (Marx e Engels, 2002, pp. 24-5).

De maneira seminal, abordava-se a luta de interesses sociais antagônicos no nível do signo. O potencial móvel e evolutivo do signo, bem como o que faz dele um instrumento de refração da realidade, foi apresentado como causa e efeito de confrontos sociais. De acordo com a tradição marxista de primazia da luta de classes, cada nova classe que toma o lugar daquela que dominava antes dela é obrigada a dar aos seus pensamentos a forma de universalidade e representá-los como sendo os únicos razoáveis e universalmente válidos:[3]

> A classe dominante tende a conferir ao signo ideológico um caráter intangível e acima das diferenças de classe, a fim de abafar ou ocultar a luta dos índices sociais de valor que aí se trava, a fim de tornar o signo monovalente [...].
> Nas condições habituais da vida social, esta contradição oculta em todo signo ideológico não se mostra à descoberta. (Bakhtin, 2002, p. 47).

Além da concepção da linguagem como modo de interação e produção social, o enfoque discursivo-interacionista de Bakhtin apresenta conceitos que se tornariam, mais tarde, basilares para a ADC, a exemplo de *gêneros discursivos* e de *dialogismo*.

Em *Estética da criação verbal* (Bakhtin, 1997), o autor sustenta, de forma mais detida do que em *Marxismo e filosofia da linguagem*, que a diversidade infinita de produções da linguagem na interação social não constitui um todo caótico porque cada esfera de utilização da língua, de acordo com suas funções e condições específicas, elabora gêneros, ou seja, "tipos de enunciados relativamente estáveis" do ponto de vista temático, composicional e estilístico, que refletem a esfera social em que são gerados (Bakhtin, 1997, p. 284).

A perspectiva interacional superou o reconhecimento, até então defendido pela Linguística, de dois parceiros da comunicação: o locutor, ativo, e o ouvinte, passivo. Em oposição a tal percepção estática da interação verbal, Bakhtin apresenta uma visão dialógica e polifônica da linguagem, segundo a qual mesmo os discursos aparentemente não dialógicos, como textos escritos, sempre são parte de uma cadeia dialógica, na qual respondem a discursos anteriores e antecipam discursos posteriores de variadas formas. A interação é, antes, uma operação polifônica que retoma vozes anteriores e antecipa vozes posteriores da cadeia de interações verbais, e não uma operação entre as vozes do locutor e do ouvinte: "cedo ou tarde, o que foi ouvido e compreendido de modo ativo encontrará um eco no discurso ou no comportamento subsequente do ouvinte" (Bakhtin, 1997, pp. 290-1).

Essa noção de várias vozes, que se articulam e debatem na interação, é crucial para a abordagem da *linguagem como espaço de luta hegemônica*, uma vez que viabiliza a análise de contradições sociais e lutas pelo poder que levam o sujeito a selecionar determinadas estruturas linguísticas ou determinadas vozes, por exemplo, e articulá-las de determinadas maneiras num conjunto de outras possibilidades. Conforme discutimos na seção anterior, o conhecimento da gramática é indispensável para que o(a) analista de discurso compreenda como estruturas linguísticas são usadas como modo de ação sobre o mundo e sobre as pessoas.

O princípio da *linguagem como espaço de luta hegemônica* é desenvolvido nos trabalhos de Foucault. Fairclough (2001a, pp. 64-88) vê em Foucault uma das grandes contribuições para a formulação da Teoria Social do Discurso. Para a ADC, importam, dentre as discussões foucaultianas, sobretudo, o *aspecto constitutivo do discurso*, a *interdependência das práticas discursivas*, a *natureza discursiva do poder*, a *natureza política do discurso* e a *natureza discursiva da mudança social*.

Foucault (2003, p. 10) destaca a face constitutiva do discurso. Concebe a linguagem como uma prática que constitui o social, os objetos e os sujeitos sociais. Para o filósofo, analisar discursos corresponde a especificar sócio-historicamente as formações discursivas interdependentes, os sistemas de regras que possibilitam a ocorrência de certos enunciados em determinados tempos, lugares e instituições:

> [...] toda tarefa crítica, pondo em questão as instâncias de controle, deve analisar ao mesmo tempo as regularidades discursivas através das quais elas se formam; e toda descrição genealógica deve levar em conta os limites que interferem nas formações reais. (Foucault, 2003, p. 66).

Da ideia de regulação social sobre "o que pode e deve ser dito a partir de uma posição dada em uma conjuntura determinada" (Maingueneau, 1997, p. 22), que traz à tona tanto relações interdiscursivas quanto relações entre o discursivo e o não discursivo, origina-se o conceito fundamental para a ADC de *ordem de discurso*: a totalidade de práticas discursivas dentro de uma instituição ou sociedade e o relacionamento entre elas (Fairclough, 1989, p. 29).

Em *Vigiar e punir* (1997), Foucault discute o conjunto das práticas discursivas disciplinadoras de escolas, prisões e hospitais. O autor defende que essas instituições utilizam técnicas de natureza discursiva, as quais dispensam o uso da força, para "adestrar" e "fabricar" indivíduos ajustados às necessidades do poder. Ao sugerir que o poder, nas sociedades modernas, é exercido por meio de práticas discursivas institucionalizadas, Foucault (1997) contribui, por um lado, para o estabelecimento do vínculo entre discurso e poder e, por outro, para a noção de que mudanças em práticas discursivas, a exemplo do aprimoramento das técnicas de vigilância, são um indicativo de mudança social.

Muito embora reconheça os trabalhos de Foucault como grandes contribuições para a ADC, Fairclough (2001a) destaca duas lacunas de que a ADC precisaria se ocupar transdisciplinarmente: primeiro, a visão determinista do aspecto constitutivo do discurso, que vê a ação humana unilateralmente constrangida pela estrutura da sociedade disciplinar, e, segundo, a falta de análise empírica de textos.

Para atender aos propósitos da Teoria Social do Discurso, cujo foco repousa na variabilidade e mudança bem como na luta social travada no discurso, Fairclough (2001a; 2003a) e Chouliaraki e Fairclough (1999) operacionalizam a teoria foucaultiana, entre várias outras (veja o capítulo "Ciência Social Crítica e Análise de Discurso Crítica"), a fim de aprimorarem a concepção de linguagem como parte irredutível da vida social.

A constituição da Análise de Discurso Crítica

O termo "Análise de Discurso Crítica" foi cunhado pelo linguista britânico Norman Fairclough, da Universidade de Lancaster, em um artigo publicado em 1985 no periódico *Journal of Pragmatics*. Em termos de filiação disciplinar, pode-se afirmar que a ADC confere continuidade aos estudos convencionalmente referidos como Linguística Crítica, desenvolvidos na década de 1970, na Universidade de East Anglia, ampliando em escopo e em produtividade os estudos a que se filia (Magalhães, 2005).

É importante salientar, então, que a Análise de Discurso Crítica e a Análise de Discurso Francesa historicamente pertencem a ramos distintos do estudo da linguagem.

A ADC se consolidou como disciplina no início da década de 1990, quando se reuniram, em um simpósio realizado em janeiro de 1991, em Amsterdã, Teun van Dijk, Norman Fairclough, Gunter Kress, Theo van Leeuwen e Ruth Wodak (Wodak, 2003, p. 21). A despeito de existirem diferentes abordagens de análises críticas da linguagem, o expoente da ADC é reconhecido em Norman Fairclough, a ponto de se ter convencionado chamar sua proposta teórico-metodológica, a Teoria Social do Discurso, de ADC – convenção que mantemos aqui, mas com o cuidado de ressaltar que os estudos em ADC não se limitam ao trabalho de Fairclough.

Segundo Izabel Magalhães, da Universidade de Brasília – primeira pesquisadora brasileira a desenvolver trabalho tendo como referencial teórico-metodológico a ADC –, as principais contribuições de Fairclough para os estudos críticos da linguagem foram "a criação de um método para o estudo do discurso e seu esforço extraordinário para explicar por que cientistas sociais e estudiosos da mídia precisam dos(as) linguistas" (Magalhães, 2005, p. 3). Podemos acrescentar a essa lista a relevância que o trabalho de Fairclough assumiu na consolidação do papel do(a) linguista crítico(a) na crítica social contemporânea.

A abordagem faircloughiana de ADC começou a se constituir como uma ciência crítica sobre a linguagem já em 1989, com o livro *Language and Power*. Em poucas palavras, pode-se afirmar que sua obra, desde o início, visava a contribuir tanto para a conscientização sobre os efeitos sociais de textos como para mudanças sociais que superassem relações assimétricas de poder, parcialmente sustentadas pelo discurso:

> A ideologia é mais efetiva quando sua ação é menos visível. Se alguém se torna consciente de que um determinado aspecto do senso comum sustenta desigualdades de poder em detrimento de si próprio, aquele aspecto deixa de ser senso comum e pode perder a potencialidade de sustentar desigualdades de poder, isto é, de funcionar ideologicamente. (1989, p. 85).[4]

Essa ideia encontra inspiração na visão de Bakhtin, discutida neste capítulo na seção "Linguagem e poder: influências sobre a ADC", de que "*nas condições habituais da vida social*, esta contradição oculta [a luta pelo poder] em todo signo ideológico não se mostra à descoberta" (Bakhtin, 2002, p. 47, grifo nosso), podendo se tornar senso comum e servir à instauração, sustentação ou transformação de relações assimétricas de poder. Então, a desconstrução ideológica de textos que integram práticas sociais pode intervir de algum modo na sociedade, a fim de desvelar relações de dominação. Fairclough (2001a, p. 28) explica que a abordagem "crítica" implica, por um lado, mostrar conexões e causas que estão ocultas e, por outro, intervir socialmente para produzir mudanças que favoreçam àqueles(as) que possam se encontrar em situação de desvantagem.

Assim sendo, Fairclough (2001a, p. 89) propõe a operacionalização de teorias sociais na análise de discurso linguisticamente orientada, a fim de compor um quadro teórico-metodológico adequado à perspectiva crítica de linguagem como prática social. Para alcançar tal objetivo, a ADC assenta-se, primeiro, em uma visão científica de crítica social, segundo, no campo da pesquisa social crítica sobre a modernidade tardia e, terceiro, na teoria e na análise linguística e semiótica.

A visão científica de crítica social justifica-se pelo fato de a ADC ser motivada pelo objetivo de prover base científica para um questionamento crítico da vida social em termos políticos e morais, ou seja, em termos de justiça social e de poder (Fairclough, 2003a, p. 15).

O enquadramento no campo da pesquisa social crítica sobre a modernidade tardia é resultado do amplo escopo de aplicação da ADC em pesquisas que, diretamente ou não, contemplam investigações sobre *discurso* em práticas sociais da modernidade tardia, período em que a linguagem ocupa o centro do modo de produção do capitalismo.[5]

A teoria e a análise linguística e semiótica, por sua vez, auxiliam a prática interpretativa e explanatória tanto a respeito de constrangimentos sociais sobre o texto como de efeitos sociais desencadeados por sentidos de textos.

A reflexão sobre relações dialéticas entre discurso e sociedade é localizada no contexto da modernidade tardia ou do novo capitalismo. Em *Discourse in Late Modernity*, Chouliaraki e Fairclough operacionalizam conceitos de teorias sociais críticas sobre práticas sociais características dessa fase da modernidade, com vistas ao fortalecimento da ADC como base científica para investigações da vida social que almejam contribuir para a superação de relações de dominação. No próximo capítulo, nos dedicamos à recontextualização de conceitos da Ciência Social Crítica na ADC.

Notas

[1] Eagleton (1997, p. 172) reconhece no autor de *Marxismo e filosofia da linguagem* (2002) o pai da análise do discurso, "ciência que acompanha o jogo social do poder no âmbito da própria linguagem".

[2] Noção que pode ser claramente encontrada na concepção da ADC de discurso como representação: "A representação é uma questão claramente discursiva e é possível distinguir diferentes discursos, que podem representar a mesma área do mundo de diferentes perspectivas ou posições." (Fairclough, 2003a, p. 25).

[3] O conceito de ideologia adotado pela ADC: "Ideologias são construções de práticas a partir de perspectivas particulares que suprimem contradições, antagonismos, dilemas em direção a seus interesses e projetos de dominação." (Chouliaraki e Fairclough, 1999, p. 26).

[4] Todas as traduções de originais citados neste livro são de nossa autoria.

[5] Harvey (1992, pp. 135-87) explica que a crise do capitalismo em 1973-75 exigiu que seus seguidores reestruturassem o modo de produção: a rigidez do fordismo e sua linha de montagem foram substituídas pelo novo modelo de produção baseado na flexibilidade e em *redes*, propiciadas pela dissolução de fronteiras espaço-temporais. A produção de bens de consumo materiais e duráveis foi substituída pela produção de *serviços* – pessoais, comerciais, educacionais e de saúde, como também de diversão, de espetáculos, eventos, *conhecimento*, *comunicação* etc. –, que, ao contrário de geladeiras ou carros, têm vida útil menor e aceleram o consumo e o lucro do investimento. Fairclough (2003b, p. 188) explica que o discurso tem uma considerável importância nessa reestruturação do capitalismo e em sua reorganização em nova escala, uma vez que a economia baseada em *informação* e *conhecimento* implica uma economia baseada no discurso: o conhecimento é produzido, circula e é consumido em forma de discursos.

Ciência Social Crítica e Análise de Discurso Crítica

Neste capítulo discutimos desdobramentos da ADC que resultaram no aprimoramento do enfoque de discurso como parte de *práticas sociais*. Primeiramente, apresentando o enquadre teórico-metodológico de Fairclough (2001a), discutimos a concepção de *discurso como modo de ação historicamente situado*. Essa concepção implica considerar que, por um lado, *estruturas* organizam a produção discursiva nas sociedades e que, por outro, cada enunciado novo é uma *ação* individual sobre tais estruturas, que pode tanto contribuir para a continuidade quanto para a transformação de formas recorrentes de ação.

Em seguida, no início da abordagem de novas perspectivas desenvolvidas no enquadre teórico-metodológico de Chouliaraki e Fairclough (1999) e Fairclough (2003a), procuramos apresentar características da *modernidade tardia*, uma vez que, seguindo aspectos de teorias sociais, os autores localizam a discussão sobre discurso nessa fase de desenvolvimento da modernidade.

Na terceira parte, discutimos a visão crítica explanatória de *discurso como um elemento da vida social interconectado dialeticamente a outros elementos* e suas implicações teórico-metodológicas; nas duas últimas seções, levantamos questões sobre *discurso, ideologia* e *lutas hegemônicas*. Não só apresentamos alguns modos pelos quais representações particulares de aspectos do mundo podem favorecer projetos de dominação, mas também contemplamos aspectos do conceito gramsciano de hegemonia, os quais apontam para a possibilidade de subverter, via discurso, relações de poder assimétricas.

Discurso como prática social

Entender o uso da linguagem como prática social implica compreendê-lo como um modo de ação historicamente situado, que tanto é constituído socialmente como também é constitutivo de identidades sociais, relações sociais e sistemas de conhecimento e crença. Nisso consiste a dialética entre discurso e sociedade: o discurso é moldado pela estrutura social, mas é também constitutivo da estrutura social. Não há, portanto, uma relação externa entre linguagem e sociedade, mas uma relação interna e dialética (Fairclough, 1989):

> Ao usar o termo "discurso", proponho considerar o uso da linguagem como forma de prática social e não como atividade puramente individual ou reflexo de variáveis institucionais. Isso tem várias implicações. Primeiro, implica ser o discurso um modo de ação, uma forma em que as pessoas podem agir sobre o mundo e especialmente sobre os outros, como também um modo de representação. [...] Segundo, implica uma relação dialética entre o discurso e a estrutura social, existindo mais geralmente tal relação entre a prática social e a estrutura social: a última é tanto uma condição como um efeito da primeira. (Fairclough, 2001a, p. 91).

Para construir esse conceito de discurso com vistas à exterioridade linguística, mas sem perder a necessária orientação para o sistema linguístico e a dialética entre linguagem e sociedade, Fairclough refuta, naturalmente, o conceito saussuriano de *parole*, que vê a fala como atividade individual e que, portanto, jamais se prestaria a uma Teoria *Social* do Discurso. O autor refuta igualmente a concepção sociolinguística que, embora descreva o uso da linguagem como sendo moldado socialmente, prevê variação unilateral da língua segundo fatores sociais, descartando a contribuição do discurso para a constituição, a reprodução e a mudança de estruturas sociais. Nesse sentido, a inovação da ADC para a análise de discurso é um foco também nas mudanças discursiva e social, e não apenas nos mecanismos de reprodução (Magalhães, 2001).

Assim, Fairclough define discurso como forma de prática social, modo de ação sobre o mundo e a sociedade, um elemento da vida social interconectado a outros elementos. Mas o termo "discurso" apresenta uma ambiguidade: também pode ser usado em um sentido mais concreto, como um substantivo contável, em referência a "discursos particulares" – como, por exemplo, o discurso religioso, o discurso midiático, o discurso neoliberal.

A Teoria Social do Discurso trabalha com um modelo que considera três dimensões passíveis de serem analisadas (Fairclough, 2001a), ainda que essas três dimensões possam estar dispersas na análise (Chouliaraki e Fairclough, 1999). A *prática social* é descrita como uma dimensão do evento discursivo, assim como o *texto*. Essas duas dimensões são mediadas pela *prática discursiva*, que focaliza os processos sociocognitivos de produção, distribuição e consumo do texto, processos sociais relacionados a ambientes econômicos, políticos e institucionais particulares. A natureza da prática discursiva é variável entre os diferentes tipos de discurso, de acordo com fatores sociais envolvidos. O modelo (Fairclough, 2001a, p. 101) é representado pela Figura 1, a seguir:

Figura 1 – Concepção tridimensional do discurso em Fairclough.

O que Fairclough (2001a) propõe em *Discurso e mudança social* é um modelo tridimensional de Análise de Discurso, que compreende a análise da prática discursiva, do texto e da prática social. A separação dessas três dimensões, no modelo proposto por Fairclough em 1989 e aprimorado em 1992 (tradução de 2001a), é analítica: serve ao propósito específico de organização da análise. As categorias analíticas propostas em *Discurso e mudança social* para cada uma das dimensões da Análise de Discurso podem ser agrupadas conforme propõe o Quadro 1:

TEXTO	PRÁTICA DISCURSIVA	PRÁTICA SOCIAL
vocabulário	produção	ideologia
gramática	distribuição	sentidos
coesão	consumo	pressuposições
estrutura textual	contexto	metáforas
	força	hegemonia
	coerência	orientações econômicas,
	intertextualidade	políticas, culturais, ideológicas

Quadro 1 – Categorias analíticas propostas no modelo tridimensional.

Em um enquadre mais recentemente apresentado, Chouliaraki e Fairclough (1999) mantêm as três dimensões do discurso, contudo de maneira mais pulverizada na análise e com um fortalecimento da análise da prática social, que passou a ser mais privilegiada nesse modelo posterior. Observa-se que houve, entre os modelos, um movimento do discurso para a prática social, ou seja, a centralidade do discurso como foco dominante da análise passou a ser questionada, e o discurso passou a ser visto como *um* momento das práticas sociais.

As implicações desse movimento descentralizador nas análises empíricas são importantes, especialmente no que concerne ao foco na dialética e ao caráter emancipatório da prática teórica em ADC (Resende e Ramalho, 2004). Chouliaraki e Fairclough (1999, p. 143) explicam que, embora um foco central na linguagem e no semiótico seja uma inclinação normal em linguística, essa seria uma centralização problemática para uma teoria que visa a ser dialética, daí a importância de se enquadrar a Análise de Discurso na análise de práticas sociais concebidas em sua articulação.

Antes de passarmos à discussão do enquadre de Chouliaraki e Fairclough (1999) para a análise de discurso, entretanto, precisamos retomar algumas reflexões recontextualizadas da Ciência Social Crítica, fundamentais para a compreensão do modelo.

Discurso na modernidade tardia

Reflexões em ADC sobre características da modernidade tardia são alimentadas por teorizações giddeanas. Segundo Giddens (1991, 2002), *modernidade tardia* é a presente fase de desenvolvimento das instituições modernas, marcada pela radicalização dos traços básicos da modernidade:[1] separação de tempo e espaço, mecanismos de desencaixe e reflexividade institucional. Em vários aspectos, as instituições modernas apresentam certas descontinuidades em relação a culturas e modos de vida pré-modernos em decorrência de seu dinamismo, do grau de interferência nos hábitos e costumes tradicionais[2] e de seu impacto global (Giddens, 2002, p. 22).

A reflexividade institucional, característica da modernidade tardia (ou modernização reflexiva, conforme Giddens; Beck; Lash, 1997), é conceituada por Giddens (2002, p. 25) como "a terceira maior influência sobre o dinamismo das instituições modernas", ao lado da separação espaço-tempo e dos mecanismos de desencaixe e deles derivada. A separação de tempo e espaço é "a condição para a articulação das relações sociais ao longo de amplos intervalos de espaço-tempo, incluindo sistemas globais", no sentido de que as sociedades modernas dependem de modos de interação em que as pessoas estão separadas temporal e espacialmente (Giddens, 2002, p. 26). A separação espaço-tempo é crucial para o desenvolvimento de mecanismos de desencaixe, pois este refere-se ao "deslocamento das relações sociais de contextos locais de interação e sua reestruturação através de extensões indefinidas de tempo-espaço" (Giddens, 1991, p. 29).

A reflexividade da vida social moderna, por sua vez, refere-se à revisão intensa, por parte dos atores sociais, da maioria dos aspectos da atividade social, à luz de novos conhecimentos gerados pelos sistemas especialistas. Devido à relação entre esses conhecimentos e o monitoramento reflexivo da ação, Chouliaraki e Fairclough (1999) sugerem que a reflexividade inerente à ação humana foi "externalizada" na modernidade, ou seja, as informações de que os atores sociais se valem para a reflexividade vêm "de fora".

Uma boa parte desse conhecimento é veiculada na mídia, e uma das características da mídia, segundo Thompson (1998), é a disponibilidade das formas simbólicas no tempo e no espaço. Isso significa também que as formas simbólicas veiculadas na mídia são desencaixadas de seus contextos originais e recontextualizadas em diversos outros contextos, para aí serem decodificadas por uma pluralidade de atores sociais que têm acesso a esses bens simbólicos. Thompson (1998, p. 45) esclarece também que "ao interpretar as formas simbólicas, os indivíduos as incorporam na própria compreensão que têm de si mesmos e dos outros, as usam como veículos para reflexão e autorreflexão".

Embora a difusão dos produtos da mídia seja globalizada na modernidade, a apropriação desses materiais simbólicos é localizada, ou seja, ocorre em contextos específicos e por indivíduos especificamente localizados em contextos sócio-históricos. Nesse sentido, Thompson (1998, p. 158) chama atenção para as tensões e conflitos provenientes da apropriação localizada dos produtos da mídia na construção reflexiva de identidades: "com o desenvolvimento da mídia, indivíduos têm acesso a novos tipos de materiais simbólicos que podem ser incorporados reflexivamente no projeto de autoformação".

É com base no conceito de reflexividade que Giddens vê as identidades como uma construção reflexiva, em que as pessoas operam escolhas de estilos de vida, ao contrário das sociedades tradicionais, em que as possibilidades de escolha são predeterminadas pela tradição. O problema imediato da teoria de Giddens é que ele se concentra nos aspectos "positivos" da nova ordem. Nesse sentido, Giddens privilegia as "oportunidades" geradas pela globalização, ainda que essas oportunidades sejam para uma minoria, em detrimento de uma maioria para quem apenas restam os "riscos".[3]

Está claro que a reflexividade é indiscutível em certos domínios da experiência e para determinadas parcelas da população mundial, mas será possível afirmar que pessoas como, por exemplo, os chamados "moradores de rua", que precisam diariamente se preocupar com a própria sobrevivência, podem ocupar-se da escolha autorreflexiva de estilos de vida? Que estilos de vida têm disponíveis para escolha pessoas que vivem à margem dos "bens" produzidos pela modernidade? Sem dúvida, para esses atores, a modernidade adquire contornos distintos (Resende, 2005a). Sobre a contradição acerca do conceito de reflexividade, Lash (1997, p. 146) pontua:

> Por que, poderíamos perguntar, encontramos a reflexividade em alguns locais e não em outros? Por que em alguns setores econômicos e não em outros? Há certamente um aumento maciço no número de produtores reflexivos de *softwares*, na produção de computadores e de semicondutores, nos serviços empresariais, na construção de máquinas. Mas e quanto à criação pós-fordista de milhões de subempregos, de empregos fabris de nível inferior; e quanto à criação sistemática de grandes exércitos de desempregados, especialmente entre os jovens do sexo masculino? E quanto a todas essas posições do novo mercado de mão de obra, que foi rebaixado a uma posição inferior àquela da classe trabalhadora clássica (fordista)? Há, de fato, ao lado dos "vencedores da reflexividade",

batalhões inteiros de "perdedores da reflexividade" das sociedades atuais de classes cada vez mais polarizadas, embora com informação e consciência de classe cada vez menores? Além disso, fora da escala da produção imediata, como é possível uma mãe solteira, que vive em um gueto urbano, ser "reflexiva"?

Desse modo, o conceito de reflexividade refere-se à possibilidade de os sujeitos construírem ativamente suas autoidentidades, em construções reflexivas de sua atividade na vida social. Por outro lado, identidades sociais são construídas por meio de classificações mantidas pelo discurso. E, assim como são construídas discursivamente, identidades também podem ser contestadas no discurso.

A orientação para a possibilidade de mudança social, ausente em Foucault, encontra apoio na epistemologia do Realismo Crítico, cujo expoente é reconhecido no filósofo contemporâneo Bhaskar (1989) e em conceitos como *dualidade da estrutura* (Giddens, 1989), *prática social* (inspirado na filosofia marxista da *práxis*), *internalização* (Harvey, 1996), *articulação* (Laclau e Mouffe, 2004) e *hegemonia* (Gramsci, 1988, 1995).

O Realismo Crítico considera a vida (social e natural) um sistema aberto, constituído por várias dimensões – física, química, biológica, psicológica, econômica, social, semiótica –, que têm suas próprias estruturas distintivas, seus mecanismos particulares e poder gerativo (Chouliaraki e Fairclough, 1999). Na produção da vida, social ou natural, a operação de qualquer mecanismo é mediada pelos outros, de tal forma que nunca se excluem ou se reduzem um ao outro. De acordo com Bhaskar (1989, p. 12), a realidade é estratificada, logo, a atividade científica deve estar comprometida em revelar esses níveis mais profundos, suas entidades, estruturas e mecanismos (visíveis ou invisíveis) que existem e operam no mundo. Com base nesse preceito epistemológico, a ADC considera a organização da vida social em torno de práticas, ações habituais da sociedade institucionalizada, traduzidas em ações materiais, em modos habituais de ação historicamente situados.

O conceito de práticas sociais é trazido do materialismo histórico-geográfico de Harvey (1996). Para esse autor, o discurso é um momento de práticas sociais dentre outros – relações sociais, poder, práticas materiais, crenças/valores/desejos e instituições/rituais – que, assim como os demais momentos, internaliza os outros sem ser redutível a nenhum deles.

Práticas são, então, "maneiras habituais, em tempos e espaços particulares, pelas quais pessoas aplicam recursos – materiais ou simbólicos – para agirem juntas no mundo" (Chouliaraki e Fairclough, 1999, p. 21). As práticas, assim compreendidas, são constituídas na vida social, nos domínios da economia, da política e da cultura, incluindo a vida cotidiana.

Discurso como um momento de práticas sociais

No enquadre de ADC de Chouliaraki e Fairclough (1999), o objetivo é refletir sobre a mudança social contemporânea, sobre mudanças globais de larga escala e sobre a possibilidade de práticas emancipatórias em estruturas cristalizadas na vida social. De acordo com esse enquadre, toda análise em ADC parte da percepção de um *problema* que, em geral, baseia-se em relações de poder, na distribuição assimétrica de recursos materiais e simbólicos em práticas sociais, na naturalização de discursos particulares como sendo universais, dado o caráter crítico da teoria. O segundo passo sugerido dentro desse método é a identificação de *obstáculos para que o problema seja superado*, ou seja, identificação de elementos da prática social que sustentam o problema verificado e que constituem obstáculo para mudança estrutural. Há três tipos de análise que atuam juntos nesta etapa: (1) a *análise da conjuntura*, da configuração de práticas das quais o discurso em análise é parte, das práticas sociais associadas ao problema ou das quais ele decorre, (2) a *análise da prática particular*, com ênfase para os momentos da prática em foco no discurso, para as relações entre o discurso e os outros momentos, e (3) a *análise do discurso*, orientada para a *estrutura* (relação da instância discursiva analisada com *ordens de discurso* e sua recorrência a *gêneros*, *vozes* e *discursos* de ordens de discurso articuladas) e para a *interação* (análise linguística de recursos utilizados no texto e sua relação com a prática social).

O terceiro passo é a *função do problema na prática*. O foco nessa etapa da análise é verificar se há uma função particular para o aspecto problemático do discurso, ou seja, para além da descrição dos conflitos de poder em que a instância discursiva se envolve, deve-se também avaliar sua função nas práticas discursiva e social. A etapa seguinte são os *possíveis modos de ultrapassar os obstáculos*, cujo objetivo é explorar as possibilidades de mudança e superação dos problemas identificados, por meio das contradições das conjunturas. Por fim, toda pesquisa em ADC deve conter uma *reflexão sobre a análise*, isto é, toda pesquisa crítica deve ser reflexiva. O enquadre (Chouliaraki e Fairclough, 1999, p. 60) é representado pelo quadro abaixo:

ETAPAS DO ENQUADRE PARA ADC DE CHOULIARAKI E FAIRCLOUGH (1999)			
1) Um problema (atividade, reflexividade)			
2) Obstáculos para serem superados	(a) análise da conjuntura		
	(b) análise da prática particular	(i) práticas relevantes	
		(ii) relações do discurso com outros momentos da prática	
	(c) análise de discurso	(i) análise estrutural	
		(ii) análise interacional	
3) Função do problema na prática			
4) Possíveis maneiras de superar os obstáculos			
5) Reflexão sobre a análise			

Quadro 2 – O enquadre para ADC de Chouliaraki e Fairclough.

Esse enquadre para a ADC é mais complexo que a abordagem anterior e tem acarretado uma ampliação do caráter emancipatório da disciplina. Primeiro, porque possibilita maior abertura nas análises; segundo, porque incita, mais que o modelo tridimensional, o interesse na análise de práticas problemáticas decorrentes de relações exploratórias; e, terceiro, porque capta a articulação entre discurso e outros elementos sociais na formação de práticas sociais.

Segundo a operacionalização da ADC do Realismo Crítico, os momentos constituintes de uma prática social são discurso (ou semiose), atividade material, relações sociais (relações de poder e luta hegemônica pelo estabelecimento, manutenção e transformação dessas relações) e fenômeno mental (crenças, valores e desejos – ideologia). Sobre os momentos de uma prática particular e a articulação entre eles, Chouliaraki e Fairclough (1999, p. 21) pontuam:

> Uma prática particular traz consigo diferentes elementos da vida – tipos particulares de atividade, ligadas de maneiras particulares a condições materiais, temporais e espaciais específicas; pessoas particulares com experiências, conhecimentos e disposições particulares em relações sociais particulares; fontes semióticas particulares e maneiras de uso da linguagem particulares; e assim por diante. Uma vez que esses diversos elementos da vida são trazidos juntos em uma prática específica, nós podemos chamá-los "momentos da prática" e ver cada momento como "internalizando" os outros sem ser redutível a eles.

Nessa perspectiva, o discurso é visto como um momento da prática social ao lado de outros momentos igualmente importantes – e que, portanto, também devem ser privilegiados na análise, pois o discurso é tanto um elemento da prática social que constitui outros elementos sociais como também é influenciado por eles, em uma relação dialética de *articulação* e *internalização*. Por isso, através da análise de amostras discursivas historicamente situadas, pode-se perceber a internalização de outros momentos da prática no discurso, ou seja, a interiorização de momentos como, por exemplo, relações sociais e ideologias no discurso. A proposta pode ser resumida na Figura 2.

Figura 2 – Momentos da prática social.[4]

De acordo com essa abordagem, uma prática particular envolve configurações de diferentes elementos da vida social chamados de *momentos da prática*. Os momentos de uma prática são articulados, ou seja, estabelecem relações mais ou menos permanentes como momentos da prática, podendo ser transformados quando há recombinação entre os elementos. O conceito de articulação pode ser estendido para cada um dos momentos de uma prática, pois também eles são formados de elementos em relação de articulação interna. Por exemplo, o momento discursivo de uma prática é formado pela articulação de elementos como gêneros, discursos e estilos (ver capítulo "Linguística Sistêmica Funcional e Análise de Discurso

Crítica"). A Figura 3 a seguir ilustra a articulação interna de cada momento da prática social.

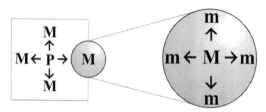

Figura 3 – Articulação na estrutura interna de cada momento da prática social.[5]

Assim, o momento discursivo de uma prática particular é o resultado da articulação de recursos simbólicos/discursivos (como gêneros, discursos, estilos), articulados com relativa permanência como momentos do Momento do discurso. Esses recursos são transformados no processo de articulação – e, desse modo, a articulação é fonte de criatividade discursiva. A mudança discursiva se dá pela reconfiguração ou pela mutação dos elementos que atuam na articulação, pela "redefinição de limites entre os elementos" (Fairclough, 2001a, p. 97). A luta articulatória assim definida é uma faceta discursiva da luta hegemônica.

A ação social é vista como constrangida pelas permanências relativas de práticas sociais – sustenta-as ou as transforma, dependendo das circunstâncias sociais e da articulação entre práticas e momentos de práticas. A articulação entre os momentos da prática assegura que a hegemonia é um estado de relativa permanência de articulações dos elementos sociais.

Aspectos da Teoria da Estruturação de Giddens (1989) prestam-se à discussão sobre o papel de agentes sociais, e seus discursos, na manutenção e transformação da sociedade. Segundo essa teoria, a constituição da sociedade se dá de maneira bidirecional, ou seja, há uma *dualidade da estrutura social* que a torna o *meio* e o *resultado* de práticas sociais. Ações localizadas são responsáveis pela produção e reprodução ou transformação da organização social. Por isso, mantém-se a possibilidade tanto de intervir em maneiras cristalizadas de ação e interação quanto de reproduzi-las.

O caráter relativo das permanências no que se refere a práticas sociais pode ser entendido no contraste entre conjunturas, estruturas e eventos. *Conjunturas* são "conjuntos relativamente estáveis de pessoas, materiais, tecnologias e práticas — em seu aspecto de permanência relativa — em torno de projetos sociais específicos"; *estruturas* são "condições históricas da vida social que podem ser modificadas por ela, mas lentamente" e *eventos* são "acontecimentos imediatos individuais ou ocasiões da vida social" (Chouliaraki e Fairclough, 1999, p. 22).

Segundo a autora e o autor, a vantagem de se focalizar as práticas sociais é a possibilidade de se perceber não apenas o efeito de eventos individuais, mas de séries de eventos conjunturalmente relacionados na sustentação e na transformação de estruturas, uma vez que a prática social é entendida como um ponto de conexão entre estruturas e eventos. Estruturas sociais são entidades abstratas que definem um potencial, um conjunto de possibilidades para a realização de eventos. Mas a relação entre o que é estruturalmente possível e o que acontece de fato não é simples, pois os eventos não são efeitos diretos de estruturas:

a relação entre eles é mediada por "entidades organizacionais intermediárias", as práticas sociais (Fairclough, 2003a, p. 23). Assim, pode-se dizer que estruturas, práticas e eventos estão em um *continuum* de abstração/concretude.

O enquadre analítico de Chouliaraki e Fairclough, baseado na crítica explanatória de Bhaskar (1989), parte da percepção de um problema e da análise de sua conjuntura, o que evidencia a importância da abordagem das práticas nesse enquadramento para ADC. Em análises amplas que consideram conjunturas e estruturas observa-se a constituição de redes de práticas interligadas. Em outras palavras, se o jogo de articulação entre os momentos de práticas sociais pode ser minimizado para se aplicar à articulação interna de cada momento de uma prática, também pode ser ampliado para se aplicar à articulação externa, aquela que se estabelece entre práticas na formação de redes de práticas relativamente permanentes. Práticas são articuladas para constituir redes das quais se tornam momentos, como ilustra a Figura 4, a seguir.

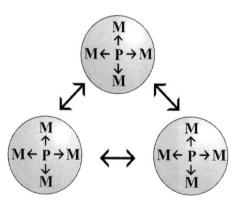

Figura 4 – Articulação entre práticas formando rede de práticas.[6]

A abordagem de redes é importante em ADC por dois motivos: as práticas assim compreendidas são determinadas umas pelas outras e cada uma pode articular outras gerando diversos efeitos sociais. As redes são sustentadas por relações sociais de poder, estando as articulações entre práticas ligadas a lutas hegemônicas. Desse modo, permanências de articulações são compreendidas como efeito de poder sobre redes de práticas, enquanto tensões pela transformação dessas articulações são vistas como lutas hegemônicas. Dado o caráter inerentemente aberto das práticas sociais, toda hegemonia é um equilíbrio instável, e a ADC, no seu papel de teoria crítica, trabalha nas brechas ou aberturas existentes em toda relação de dominação.

Discurso e luta hegemônica

Ao retomar o conceito de Gramsci, Fairclough (1997, 2001a) caracteriza "hegemonia" como domínio exercido pelo poder de um grupo sobre os demais, baseado mais no consenso que no uso da força. A dominação, entretanto, sempre está em equilíbrio instável, daí a noção de luta hegemônica como foco de luta sobre pontos de instabilidade em relações hegemônicas. Na concepção de Gramsci (1988, 1995), o poder de uma das classes em aliança com outras forças sociais sobre a sociedade como um todo nunca é atingido senão parcial e temporariamente na luta hegemônica. O conceito de luta hegemônica, assim compreendido, está em harmonia com a dialética do discurso (Fairclough, 2001a).

Fairclough (1997) define duas relações que se estabelecem entre discurso e hegemonia. Em primeiro lugar, a hegemonia e a luta hegemônica assumem a forma da prática discursiva em interações verbais a partir da dialética entre discurso e sociedade – hegemonias são produzidas, reproduzidas, contestadas e transformadas no discurso. Em segundo lugar, o próprio discurso apresenta-se como uma esfera da hegemonia, sendo que a hegemonia de um grupo é dependente, em parte, de sua capacidade de gerar práticas discursivas e ordens de discurso que a sustentem. Nas palavras de Fairclough (1997, p. 80):

> O conceito de hegemonia implica o desenvolvimento – em vários domínios da sociedade civil (como o trabalho, a educação, as atividades de lazer) – de práticas que naturalizam relações e ideologias específicas e que são, na sua maioria, práticas discursivas. A um conjunto específico de convenções discursivas [...] estão, implicitamente, associadas determinadas ideologias – crenças e conhecimentos específicos, posições específicas para cada tipo de sujeito social que participa nessa prática e relações específicas entre categorias de participantes.

Uma vez que a hegemonia é vista em termos da permanência relativa de articulações entre elementos sociais, existe uma possibilidade intrínseca de desarticulação e rearticulação desses elementos. Essa possibilidade relaciona-se à agência humana. Para Chouliaraki e Fairclough (1999), a ação representa um artifício potencial para a superação de relações assimétricas, desde que esse elemento ativo seja subsidiado por uma reflexividade crítica.

Reflexividade é um outro conceito caro para a ADC, pois reflexividade sugere que toda prática tem um elemento discursivo, não apenas porque envolve, em grau variado, o uso da linguagem mas também porque construções discursivas sobre práticas são também parte dessas práticas.

Segundo Giddens (1991, 2002), a experiência mediada tornou a vida cotidiana mais influenciada pela informação e conhecimento e, nesse cenário, a construção de autoidentidades passou a se sujeitar de forma ampliada a revisões da reflexividade institucional: "Os indivíduos em cenários pré-modernos, em princípio e na prática, poderiam ignorar os pronunciamentos de sacerdotes, sábios e feiticeiros, prosseguindo com as rotinas da atividade cotidiana. Mas este *não é o caso no mundo moderno, no que toca ao conhecimento perito*" (Giddens, 1991, p. 88, grifo nosso).[7]

Dessa forma, práticas podem depender dessas autoconstruções reflexivas, cada vez mais influenciadas por informações circundantes, para sustentar relações de dominação. Os sentidos a serviço da dominação podem estar presentes nas formas simbólicas próprias da atividade social particular ou podem se fazer presentes nas autoconstruções reflexivas, caso a ideologia seja internalizada e naturalizada pelas pessoas. No entanto, a busca pela autoidentidade, que deve ser criada e sustentada rotineiramente nas atividades reflexivas do indivíduo, também pode sinalizar possibilidade de mudança social.

São os indivíduos, inseridos em práticas discursivas e sociais, que corroboram para a manutenção ou transformação de estruturas sociais – uma visão dialética da relação entre estrutura e ação. No evento discursivo, normas são modificadas, questionadas ou confirmadas – em ações transformadoras ou reprodutivas. Textos como elementos de eventos sociais têm efeitos causais – acarretam mudanças em nosso conhecimento, em nossas crenças, atitudes, valores e assim por diante (Fairclough, 2003a). Essas mudanças não estão, contudo, em uma relação unilateral, visto que a dialética estrutura/ ação também atua, em sua faceta discursiva, na relação texto/ agente (Chouliaraki e Fairclough, 1999). Agentes sociais são socialmente constrangidos, mas suas ações não são totalmente determinadas: agentes também têm seus próprios "poderes causais" que não são redutíveis aos poderes causais de estruturas e práticas sociais (Fairclough, 2003a). Isso significa que, embora haja constrangimentos sociais definidos pelos poderes causais de estruturas e práticas sociais, os agentes sociais são dotados de relativa liberdade para estabelecer relações inovadoras na (inter)ação, exercendo sua criatividade e modificando práticas estabelecidas. Desse modo, a importância do discurso na vida social transita entre a regulação e a transformação.

De um ponto de vista discursivo, a luta hegemônica pode ser vista como disputa pela sustentação de um *status* universal para determinadas representações particulares do mundo material, mental e social (Fairclough, 2003a). Uma vez que o poder depende da conquista do consenso e não apenas de recursos para o uso da força, a ideologia tem importância na sustentação de relações de poder. Segundo Eagleton (1997, pp. 105-6), há distintas maneiras de se instaurar e manter a hegemonia. A ideologia é uma maneira de assegurar o consentimento por meio de lutas de poder levadas a cabo no nível do momento discursivo de práticas sociais.

O conceito de hegemonia, então, enfatiza a importância da ideologia no estabelecimento e na manutenção da dominação, pois, se hegemonias são relações de dominação baseadas mais no consenso que na coerção, a naturalização de práticas e relações sociais é fundamental para a permanência de articulações baseadas no poder (Chouliaraki e Fairclough, 1999). Para Fairclough (1997), as convenções do discurso podem encerrar ideologias naturalizadas, que as transformam num mecanismo eficaz de preservação de hegemonias. Uma vez que as ideologias têm existência material nas práticas discursivas, a investigação dessas práticas é também a investigação de formas materiais de ideologia (Fairclough, 2001a).

Discurso e ideologia

A ADC cuida tanto do funcionamento do discurso na transformação criativa de ideologias quanto do funcionamento que assegura sua reprodução. Com vistas para essa dupla orientação, Fairclough (2001a, p. 117) assim define as ideologias:

> As ideologias são significações/construções da realidade (o mundo físico, as relações sociais, as identidades sociais) que são construídas em várias dimensões das formas/sentidos das práticas discursivas e que contribuem para a produção, a reprodução ou a transformação das relações de dominação.

Nesse sentido, determinados discursos podem ser vistos como ideológicos. Um discurso particular (e, aqui, "discursos" refere-se ao conceito mais concreto) pode incluir presunções acerca do que existe, do que é possível, necessário, desejável. Tais presunções podem ser ideológicas, posicionadas, conectadas a relações de dominação. E relações de poder, segundo Fairclough (1989, 2003a), são mais eficientemente sustentadas por significados tomados como tácitos, pois a busca pela hegemonia é a busca pela universalização de perspectivas particulares. O julgamento de quanto uma representação é ideológica só pode ser feito por meio da análise do efeito causal dessa representação em áreas particulares da vida social, ou seja, por meio da análise de como as legitimações decorrentes dessa representação contribuem na sustentação ou na transformação de relações de dominação. Daí a importância de a análise de discurso ser simultaneamente orientada linguística e socialmente. O foco na dialética leva Fairclough (1995, p. 71) a argumentar que:

> A ideologia investe a linguagem de várias maneiras em vários níveis, e nós não temos de escolher entre diferentes "localizações" possíveis da ideologia, todas são parcialmente justificáveis e nenhuma inteiramente satisfatória. A questão chave é se a ideologia é uma propriedade das estruturas ou uma propriedade dos eventos, e a resposta é "ambas". E o problema-chave é encontrar uma abordagem satisfatória da dialética entre estruturas e eventos.

Ele explica que algumas abordagens localizam a ideologia apenas na estrutura, com a virtude de captar que eventos são constrangidos por normas e convenções sociais. A desvantagem é que a esse tipo de abordagem escapa a possibilidade criativa dos eventos, que são vistos apenas como realizações do potencial definido pelas estruturas. A consequência é que a capacidade de ação dos sujeitos não é percebida. Talvez o melhor exemplo de modelo de análise de ideologia centrado na estrutura seja o trabalho de Althusser (1985). Por outro lado, a focalização da ideologia centrada apenas nos eventos discursivos, embora apresente a vantagem de representar a ideologia como um processo que transcorre no interior dos eventos, iluminando a possibilidade de mudança social, também apresenta a desvantagem de sobrevalorização da liberdade de ação. A solução é não perder de vista a dialética entre estrutura e ação: a liberdade dos sujeitos, embora não possa ser apagada, é relativa.

Já o conceito de ideologia da ADC provém de estudos de Thompson (1995). Na teoria social crítica de Thompson (1995), o conceito é inerentemente negativo. Ao contrário das concepções neutras, que tentam caracterizar fenômenos ideológicos sem implicar que esses fenômenos sejam, necessariamente, enganadores e ilusórios ou ligados com os interesses de algum grupo em particular, a concepção crítica postula que a ideologia é, por natureza, hegemônica, no sentido de que ela necessariamente serve para estabelecer e sustentar relações de dominação e, por isso, serve para reproduzir a ordem social que favorece indivíduos e grupos dominantes.

Formas simbólicas[8] são ideológicas somente quando servem para estabelecer e sustentar relações sistematicamente assimétricas de poder. Os modos gerais de operação da ideologia elencados por Thompson (1995, pp. 81-9) são cinco, a saber: legitimação, dissimulação, unificação, fragmentação e reificação.

Por meio da *legitimação*, relações de dominação podem ser estabelecidas ou mantidas, sendo representadas como legítimas, ou seja, a legitimação estabelece e sustenta relações de dominação pelo fato de serem apresentadas como justas e dignas de apoio. Afirmações de legitimação podem basear-se em três estratégias de construção simbólica: a racionalização, a universalização e a narrativização. Na racionalização, a estratégia de legitimação baseia-se em fundamentos racionais, na legalidade de regras dadas *a priori*; na universalização, representações parciais são legitimadas por meio de sua apresentação como servindo a interesses gerais; na narrativização, a legitimação se constrói por meio da recorrência a histórias que buscam no passado a legitimação do presente.

A *dissimulação*, modo de operação da ideologia que estabelece e sustenta relações de dominação por meio de sua negação ou ofuscação, pode ser realizada por construções simbólicas como deslocamento, eufemização e tropo. No primeiro caso, há uma recontextualização de termos, geralmente referentes a um campo e que são usados com referência a outro, deslocando conotações positivas ou negativas. Na eufemização, ações, instituições ou relações sociais são representadas de modo que desperte uma valorização positiva, ofuscando pontos de instabilidade. O tropo refere-se ao uso figurativo da linguagem, que pode servir a interesses de apagamento de relações conflituosas.

A *unificação* é o *modus operandi* da ideologia pelo qual relações de dominação podem ser estabelecidas ou sustentadas pela construção simbólica da unidade. Há duas estratégias de construção simbólica relacionadas à unificação: a padronização – adoção de um referencial padrão partilhado – e a simbolização – construção de símbolos de identificação coletiva.

Na *fragmentação*, relações de dominação podem ser sustentadas por meio da segmentação de indivíduos e grupos que, se unidos, poderiam constituir obstáculo à manutenção do poder. Uma das estratégias de construção simbólica da fragmentação é a diferenciação, em que se enfatizam características que desunem e impedem a constituição de um grupo coeso, com objetivo de desestabilizar a luta hegemônica. Outra estratégia é o expurgo do outro, em que se objetiva representar simbolicamente o grupo que possa constituir obstáculo ao poder hegemônico como um inimigo que deve ser combatido.

Por fim, há o modo de operação da ideologia denominado *reificação*, por meio do qual uma situação transitória é representada como permanente, ocultando seu caráter sócio-histórico. Há quatro estratégias de construção simbólica da reificação: naturalização, eternalização, nominalização e passivação. Por meio da naturalização, uma criação social é tratada como se fosse natural, independente da ação humana. A eternalização é a estratégia por meio da qual fenômenos históricos são retratados como permanentes. A nominalização e a passivação possibilitam o apagamento de atores e ações, representando processos como entidades.

O arcabouço de Thompson para análise de construções simbólicas ideológicas pode ser resumido no quadro (1995, pp. 81-9) a seguir:

MODOS GERAIS DE OPERAÇÃO DA IDEOLOGIA	ESTRATÉGIAS TÍPICAS DE CONSTRUÇÃO SIMBÓLICA
LEGITIMAÇÃO Relações de dominação são representadas como legítimas	RACIONALIZAÇÃO (uma cadeia de raciocínio procura justificar um conjunto de relações)
	UNIVERSALIZAÇÃO (interesses específicos são apresentados como interesses gerais)
	NARRATIVIZAÇÃO (exigências de legitimação inseridas em histórias do passado que legitimam o presente)
DISSIMULAÇÃO Relações de dominação são ocultadas, negadas ou obscurecidas	DESLOCAMENTO (deslocamento contextual de termos e expressões)
	EUFEMIZAÇÃO (valoração positiva de instituições, ações ou relações)
	TROPO (sinédoque, metonímia, metáfora)
UNIFICAÇÃO Construção simbólica de identidade coletiva	PADRONIZAÇÃO (um referencial padrão proposto como fundamento partilhado)
	SIMBOLIZAÇÃO DA UNIDADE (construção de símbolos de unidade e identificação coletiva)
FRAGMENTAÇÃO Segmentação de indivíduos e grupos que possam representar ameaça ao grupo dominante	DIFERENCIAÇÃO (ênfase em características que desunem e impedem a constituição de desafio efetivo)
	EXPURGO DO OUTRO (construção simbólica de um inimigo)
REIFICAÇÃO Retratação de uma situação transitória como permanente e natural	NATURALIZAÇÃO (criação social e histórica tratada como acontecimento natural)
	ETERNALIZAÇÃO (fenômenos sócio-históricos apresentados como permanentes)
	NOMINALIZAÇÃO/ PASSIVAÇÃO (concentração da atenção em certos temas em detrimento de outros, com apagamento de atores e ações)

Quadro 3 - Modos de operação da ideologia.

A importância dessa abordagem para a pesquisa em Análise de Discurso é a constituição de um arcabouço para análise de construções simbólicas ideológicas no discurso. Em outras palavras, a abordagem de ideologia de Thompson, aliada ao arcabouço da ADC, fornece ferramentas para se analisar, linguisticamente, construções discursivas revestidas de ideologia.

Fairclough (2003a) explica que ideologias são, em princípio, *representações*, mas podem ser legitimadas em maneiras de *ação* social e inculcadas nas *identidades* de agentes sociais. Tal compreensão da ideologia baseia-se na formulação de gêneros, discursos e estilos como as três principais maneiras através das quais o discurso figura em práticas sociais (Fairclough, 2003a), de acordo com a recente proposta de Fairclough (baseada no funcionalismo de Halliday) de se abordar o discurso em termos de três principais tipos de significado: o significado representacional, ligado a discursos; o significado acional, ligado a gêneros; e o significado identificacional, ligado a estilos. No próximo capítulo, discutiremos esses três tipos de significado e a relação dialética que se estabelece entre eles.

Notas

[1] "Modernidade refere-se a estilo, costume de vida ou organização social que emergiram na Europa a partir do século XVII e que ulteriormente se tornaram mais ou menos mundiais em sua influência" (Giddens, 1991, p. 11).

[2] Segundo Giddens (1991. p. 107), *tradição* diz respeito às maneiras pelas quais crenças e práticas são organizadas, especialmente em relação ao tempo. A tradição contribui de maneira básica para a segurança ontológica na medida em que mantém a confiança na continuidade do passado, presente e futuro e vincula esta confiança a práticas sociais rotinizadas.

[3] Giddens (1991, p. 38) explica que a noção de risco originou-se no período moderno em decorrência da compreensão de que resultados inesperados podem ser consequência de nossas próprias atividades ou escolhas, ao invés de se tratar de significados ocultos da natureza.

[4] Não consta em Chouliaraki e Fairclough (1999). A Figura ilustra os momentos da prática social, conforme discutidos no original, procurando captar a articulação entre eles e a importância da relação que aí se estabelece para o produto da prática. A articulação entre os momentos de uma prática social é um equilíbrio instável, ou seja, está sujeita à desarticulação e rearticulação. Esses quatro momentos podem ser desdobrados em mais momentos: em *Analysing Discourse*, por exemplo,

Fairclough (2003a, p. 25) sugere cinco momentos, a saber, *ação e interação, relações sociais, pessoas (com crenças, valores, atitudes, histórias), mundo material, discurso.*

[5] Não consta em Chouliaraki e Fairclough, 1999.

[6] Não consta em Chouliaraki e Fairclough, 1999.

[7] Muito embora trabalhos de Giddens representem uma grande contribuição para a ADC, alguns aspectos da teoria giddeana foram criticados por Chouliaraki e Fairclough (1999), Castells (1999) e Lash (1997), dentre outros autores, pelo fato de não contemplarem o universo social excluído das redes de informação. Chouliaraki e Fairclough (1999, pp. 126-7) ponderam que Giddens (1991) apresenta explicações generalizadas sobre a construção reflexiva do "eu" na modernidade tardia e privilegia uma posição social particular (branco, macho, de classe média), em vez de considerar que existem pessoas posicionadas muito diferentemente, de acordo com classe, gênero, raça, idade ou geração, e, portanto, com diferentes possibilidades de acesso a tal construção reflexiva. Castells (1999, p. 27), que discorda do caráter global do "planejamento reflexivo da autoidentidade", postula que, exceto para uma elite, o planejamento reflexivo da vida torna-se impossível. Nesse cenário, a busca pelo significado da vida e pela autoidentidade ocorre no âmbito da reconstrução de identidades defensivas em torno de princípios comunais, como o fundamentalismo religioso. Lash (1997, pp. 146-7) aponta que essa falha origina-se na preocupação de Giddens com a ação social em detrimento da estrutura.

[8] Formas simbólicas abarcam "um amplo espectro de ações e falas, imagens e textos, que são produzidos por sujeitos e reconhecidos por eles e outros como construtos significativos" (Thompson, 1995, p. 79).

Linguística Sistêmica Funcional e Análise de Discurso Crítica

Em virtude de focalizarem relações dialéticas entre momento discursivo e outros elementos de (redes de) práticas sociais, análises de discurso críticas são orientadas, conforme já discutimos, linguística e socialmente. Dado que a face sociológica da análise de discurso já foi razoavelmente discutida no capítulo anterior, neste capítulo focalizaremos a face linguística da análise. Lembremos que essa divisão é feita para fins de clareza, o que significa a impossibilidade de separá-las no trabalho analítico. Neste capítulo, abordamos a recontextualização da Linguística Sistêmica Funcional em

Fairclough (2003a), mostramos como as macrofunções de Halliday foram operacionalizadas para dar origem aos três tipos de significado propostos por Fairclough, focalizamos cada um desses significados e discutimos algumas categorias analíticas da ADC, segundo cada um dos tipos de significado.

Linguística Sistêmica Funcional e a complexidade funcional da linguagem

No início do primeiro capítulo deste livro, sugerimos que a ADC baseia-se no paradigma funcionalista dos estudos linguísticos. Em termos mais específicos, a tradição de análise de discurso em que se situa a Teoria Social do Discurso orienta-se linguisticamente pela Linguística Sistêmica Funcional (LSF) de Halliday. Trata-se de uma teoria da linguagem que se coaduna com a ADC, porque aborda a linguagem como um sistema aberto, atentando para uma visão dialética que percebe os textos não só como estruturados no sistema mas também potencialmente inovadores do sistema: toda instância discursiva "abre o sistema para novos estímulos de seu meio social" (Chouliaraki e Fairclough, 1999, p. 141). É nesse sentido que a linguagem é vista como um sistema aberto a mudanças socialmente orientadas, o que lhe provê sua capacidade teoricamente ilimitada de construir significados.

Os estudos funcionalistas têm por objetivo, além de estabelecer princípios gerais relacionados ao uso da linguagem, investigar a interface entre as funções e o sistema interno das línguas. A compreensão das implicações de funções sociais na gramática é central à discussão que relaciona linguagem e sociedade. A relação entre as funções sociais da linguagem e a organização do sistema linguístico é, para Halliday (1973), um traço geral da linguagem humana. Daí a necessidade de se estudar os sistemas internos das línguas naturais sob o foco das funções sociais.

A variação funcional não é apenas uma distinção de usos da linguagem, é algo fundamental para sua organização, uma propriedade básica da linguagem. As abordagens funcionais da linguagem têm enfatizado seu caráter multifuncional e, nesse sentido, Halliday (1991) registra três macrofunções que atuam simultaneamente em textos: ideacional, interpessoal e textual.

A função *ideacional* da linguagem é sua função de *representação* da experiência, um modo de refletir a "realidade" na língua: os enunciados remetem a eventos, ações, estados e outros processos da atividade humana através de relação simbólica. Essa função trata da expressão linguística do conteúdo ideacional presente em todos os usos da linguagem – independentemente do uso pragmático que se faz da linguagem, os recursos ideacionais são explorados em seu potencial para expressar um conteúdo.

A função *interpessoal* refere-se ao significado do ponto de vista de sua função no processo de interação social, da língua como *ação*. Essa função, que trata dos usos da língua para expressar relações sociais e pessoais, está presente em todos os usos da linguagem, assim como a função ideacional.

A terceira função apresentada por Halliday é a *textual*: aspectos semânticos, gramaticais, estruturais, que devem ser analisados no texto com vistas ao fator funcional. A gramática é o mecanismo linguístico que opera ligações entre as seleções significativas derivadas das funções linguísticas, realizando-as em estrutura unificada.

As três macrofunções são inter-relacionadas, e os textos devem ser analisados sob cada um desses aspectos. Isso significa que todo enunciado é multifuncional em sua totalidade, ou seja, serve simultaneamente a diversas funções. Nesse sentido, a linguagem é funcionalmente complexa. As estruturas linguísticas não "selecionam" funções específicas isoladas para desempenhar; ao contrário, expressam de forma integrada todos os componentes funcionais do significado.

Em seus modelos de análise de discurso, Fairclough recontextualiza a LSF, alterando alguns pontos da teoria de acordo com seus propósitos analíticos. Em 1992, em *Discourse and Social Change*, Fairclough sugeriu a cisão da função interpessoal de Halliday em duas funções separadas, a *função identitária* e a *função relacional*. A função identitária da linguagem "relaciona-se aos modos pelos quais as identidades sociais são estabelecidas no discurso"; a função relacional, por sua vez, refere-se a "como as relações sociais entre os participantes do discurso são representadas e negociadas" (Fairclough, 2001a, p. 92).

A justificativa apresentada para essa modificação na teoria está relacionada à importância do discurso na constituição, reprodução, contestação e reestruturação de identidades, que não é captada pelas funções tal como apresentadas por Halliday, uma vez que a função de identidade é marginalizada "como aspecto menor da função interpessoal" (Fairclough, 2001a, p. 209). Resulta que, para Fairclough, a ênfase na construção desvela a importância da função identitária na linguagem, porque os modos de construção e categorização de identidades em uma dada sociedade refletem seu funcionamento no que concerne às relações de poder, à reprodução e à mudança social.

Embora a análise linguística em ADC baseie-se na LSF, Chouliaraki e Fairclough (1999, p. 139) alertam que as relações entre as duas disciplinas ainda são limitadas tendo em vista o potencial do diálogo que poderiam estabelecer. Em suas palavras:

> [...] a ADC com a qual trabalhamos tem muito a ganhar com o estreitamento de sua relação, ainda limitada, com a LSF (essa relação, até o momento, tem sido restrita ao uso da gramática sistêmica do inglês para análise de textos), não apenas em termos de uso da LSF como recurso para análise, mas também na direção de um diálogo teórico.

Em *Analysing Discourse*, Fairclough (2003a) cumpre a tarefa de ampliação do diálogo teórico entre a ADC e a LSF. Para tanto, ele propõe uma articulação entre as macrofunções de Halliday e os conceitos de gênero, discurso e estilo, sugerindo, no lugar das funções da linguagem, três principais tipos de significado: o significado acional, o significado representacional e o significado identificacional. Fairclough operou essa articulação tendo como ponto de partida não as macrofunções tal como postuladas por Halliday (as funções ideacional, interpessoal e textual), mas a sua própria modificação anterior da teoria, ou seja, as funções relacional, ideacional e identitária. Quanto à função textual, embora em seu livro de 1992 Fairclough a tenha incorporado ("Halliday também distingue uma função 'textual' que pode ser utilmente acrescentada a minha lista" [Fairclough, 2001a, p. 92]), em 2003 ele rejeita a ideia de uma função textual separada, prefere incorporá-la ao significado acional: "não distingo uma função 'textual' separada, ao contrário, eu a incorporo à ação" (Fairclough, 2003a, p. 27).

A operacionalização dos três significados mantém a noção de multifuncionalidade presente na LSF, uma vez que Fairclough enfatiza que os três atuam simultaneamente em todo enunciado. Ele explica que o discurso figura de três principais maneiras como parte de práticas sociais, na relação entre textos e eventos: como modos de agir, como modos de representar e como modos de ser. A cada um desses modos de interação entre discurso e prática social corresponde um tipo de significado. O significado acional focaliza o texto como modo de (inter)ação em eventos sociais, aproxima-se da função relacional, pois a ação legitima/questiona relações sociais; o significado representacional enfatiza a representação de aspectos do mundo – físico, mental, social – em textos, aproximando-se da função ideacional, e o significado identificacional, por sua vez, refere-se à construção e à negociação de identidades no discurso, relacionando-se à função identitária. O desenvolvimento dessa perspectiva multifuncional da linguagem pode ser ilustrado pelo Quadro 4 a seguir:

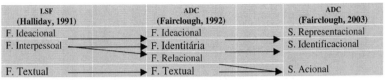

Quadro 4 – Recontextualização da LSF na ADC.

Fairclough (2003a) postula uma correspondência entre ação e gêneros, representação e discursos, identificação e estilos – gêneros, discursos e estilos são modos relativamente estáveis de agir, de representar e de identificar, respectivamente. A análise discursiva é um nível intermediário entre o texto em si e seu contexto social – eventos, práticas, estruturas. Então, a análise de discurso deve ser simultaneamente à análise de como os três tipos de significado são realizados em traços linguísticos dos textos e da conexão entre o evento social e práticas sociais, verificando-se quais gêneros, discursos e estilos são utilizados e como são articulados nos textos. Gêneros, discursos e estilos ligam o texto a outros elementos da esfera social – as relações internas do texto a suas relações externas –, por isso a operacionalização desses conceitos mantém o cerne do pensamento de Halliday.

Significado acional e gênero

A concepção de linguagem como um momento de práticas sociais dialeticamente interconectado aos demais momentos dessas práticas reserva um lugar especial para as ordens de discurso, o elemento discursivo do social no nível das práticas. As ordens de discurso organizam socialmente a linguagem e orientam a variação linguística. Cada prática social produz e utiliza gêneros discursivos particulares, que articulam estilos e discursos de maneira relativamente estável num determinado contexto sócio-histórico e cultural.

Gêneros constituem "o aspecto especificamente discursivo de maneiras de ação e interação no decorrer de eventos sociais" (Fairclough, 2003a, p. 65). Quando se analisa um texto em termos de gênero, o objetivo é examinar como o texto figura na (inter)ação social e como contribui para ela em eventos sociais concretos. Gêneros específicos são definidos pelas práticas sociais a eles relacionadas e pelas maneiras como tais práticas são articuladas, de tal modo que mudanças articulatórias em práticas sociais incluem mudanças nas formas de ação e interação, ou seja, nos gêneros discursivos, e a mudança genérica frequentemente ocorre pela recombinação de gêneros preexistentes.

Há uma grande variação nas propriedades de gêneros concretos. Alguns gêneros atuam em escala local, são associados a redes de práticas sociais relativamente limitadas; outros gêneros são especializados na interação em escala global. A diferença na escala de atuação não é a única diversidade observada em gêneros, eles também podem variar consideravelmente em termos de seu grau de estabilização e homogeneização: alguns gêneros pressupõem padrões composicionais rigorosos, outros são mais flexíveis. Segundo Fairclough (2003a, p. 66), "neste período de transformação social rápida e profunda, há uma tensão entre pressões pela estabilização, parte da consolidação da nova ordem social, e pressões pela fluidez e pela mudança", por isso a mudança genérica, como parte da mudança discursiva e social, insere-se na agenda de pesquisa da ADC.

Gêneros discursivos também variam em relação aos níveis de abstração. Fairclough (2003a) distingue os pré-gêneros dos gêneros situados. Os *pré-gêneros*, conceito resgatado de Swales (1990), são categorias abstratas, que transcendem redes particulares de práticas sociais e que "participam" na composição de diversos gêneros situados. Narrativa, argumentação, descrição e conversação são pré-gêneros no sentido de que são "potenciais" abstratos que podem ser alçados na composição de diversos tipos de texto. O pré-gênero narrativa, por exemplo, é alçado na produção situada de romances, contos de fadas, novelas, lendas indígenas, filmes, documentários etc. *Gêneros situados*, por outro lado, são categorias concretas, utilizadas para definir gêneros que são específicos de uma rede de prática particular, como, por exemplo, a literatura de cordel e a reportagem de revistas informativas-gerais.[1] Um gênero situado é "um tipo de linguagem usado na performance de uma prática social particular" (Chouliaraki e Fairclough, 1999, p. 56). Um gênero situado geralmente alça vários pré-gêneros. Uma reportagem, por exemplo, pode alçar os pré-gêneros narrativa, argumentação e descrição, entre outros. Nesse caso, segundo a proposta de Fairclough (2003a), haverá um pré-gênero principal e diversos subgêneros articulados na composição genérica do texto. A descrição e a interpretação dessa articulação são parte do trabalho de análise da estrutura genérica em um texto. Por que determinadas reportagens são mais narrativas, ou mais argumentativas, ou mais descritivas? Que implicações isso pode ter para o modo como esses textos participam na (inter)ação?

Em *Discourse in Late Modernity*, Chouliaraki e Fairclough ressaltam que não há uma lista de gêneros do discurso e que há relativamente poucos nomes estáveis para gêneros, por isso o rótulo que se dá a um gênero na análise não é importante. Nessa perspectiva, o ponto relevante é que o gênero seja reconhecível como um tipo de linguagem usado em domínios particulares. Fairclough (2003a) questiona também a prática de se tentar determinar estruturas composicionais rigorosas para gêneros do discurso, pois os gêneros não constituem regras rígidas ou padrões imutáveis, ao contrário, consistem em um potencial que pode ser trabalhado de maneiras variáveis e criativas em eventos discursivos concretos.

Em decorrência de sua mobilidade e dialogicidade características, os gêneros estão sempre submetidos à reformulação nas interações semióticas, o que torna difícil trabalhar com uma proposta tipológica fixa. Segundo Chouliaraki e Fairclough (1999, pp. 144-5), um gênero é em si um mecanismo articulatório que controla o que pode ser usado e em que ordem, incluindo configuração e ordenação de discursos, e, portanto, precisa ser compreendido como *a faceta regulatória do discurso*, e não simplesmente como estruturação apresentada por tipos fixos de discurso. É evidente, pela dialética entre estrutura e ação, que essa regulação pode ser questionada e, então, a mudança discursiva aparece como uma faceta especificamente discursiva de lutas hegemônicas.

Além da estrutura genérica, o significado acional pode ser analisado em textos por meio de outras categorias, que são encontradas de maneira detalhada e seguidas de exemplo em Fairclough (2003a). Aqui nos restringimos a apresentar somente mais uma categoria analítica relacionada a maneiras de agir discursivamente em práticas sociais: a intertextualidade.

A *intertextualidade* é uma categoria de análise muito complexa e potencialmente fértil. Bakhtin (2002) enfatizou a dialogicidade da linguagem, postulando que textos são dialógicos em dois sentidos: primeiro, mesmo textos aparentemente monológicos, como os textos escritos, participam de uma cadeia dialógica, no sentido de que respondem a outros textos e antecipam respostas; segundo, o discurso é internamente dialógico porque é polifônico, todo texto articula diversas vozes.

Em linhas gerais, a intertextualidade é a combinação da voz de quem pronuncia um enunciado com outras vozes que lhe são articuladas. Fairclough (2003a, p. 39) adota uma visão ampla de intertextualidade, extrapolando seu sentido mais evidente: "a presença de elementos atualizados de outro texto em um texto – as citações". Para relatar[2] um discurso, pode-se não apenas citar em discurso direto mas também parafrasear, resumir, ecoar em discurso indireto. O discurso relatado atribui o dito a seu autor, mas a incorporação de elementos de outros textos também pode ser feita sem atribuição explícita como, por exemplo, na paráfrase. Assim, a intertextualidade cobre uma gama diversa de possibilidades.

Uma questão inicial no estudo da intertextualidade em um texto é a verificação de quais vozes são incluídas e quais são excluídas, isto é, que ausências significativas podem ser observadas. Em seguida, analisando-se sua presença, é interessante examinar a relação que se estabelece entre as vozes articuladas. Quando uma voz "externa" é articulada em um texto, têm-se (pelo menos) duas vozes que podem representar duas diferentes perspectivas, com seus respectivos interesses, objetivos etc. A relação entre essas vozes pode ser harmônica, de cooperação, ou pode haver tensão entre o texto que relata e o texto relatado.

Algumas questões acerca do relato se impõem. Primeiro, o relato pode ser fiel ao que foi dito, reproduzindo as mesmas palavras, ou não. Segundo, a fronteira entre o texto relatado e o texto que relata pode ser forte ou fraca, ou seja, o limite entre as vozes pode ou não ser bem demarcado. Chama-se discurso direto a citação pretensamente fiel do que foi dito, com marcas de citação (aspas ou travessão). Discurso indireto é a paráfrase ou o resumo do que foi dito, sem uso de palavras exatas e sem marcas de citação. Acresce que não é incomum se utilizarem marcas de citação quando, na verdade, não se atualizam as palavras exatas do discurso relatado (por exemplo, na mídia impressa); tampouco é raro se atualizarem as palavras exatas do texto relatado omitindo-se as marcas de citação (por exemplo, quando não se cita a fonte em trabalhos acadêmicos em uma apropriação indébita do pensamento alheio). Outro tipo de relato que importa definir é o "relato narrativo de ato de fala", o relato do tipo de ato de fala que não explicita um conteúdo (por exemplo, quando se afirma "ele prometeu", mas não se esclarece o conteúdo do ato de promessa – Fairclough, 2003a, p. 49).

Fairclough (1995), baseado em Quirk et al.,[3] enumera quatro formas por meio das quais se "converte" o discurso direto em discurso indireto, demarcando o limite entre as vozes: (a) uso de verbo *dicendi* seguido de oração subordinada (por exemplo, "ele disse que..."); (b) mudança de pronomes de 1ª e 2ª pessoas para pronomes de 3ª pessoa (por exemplo, "eu vou..." se torna "ela disse que vai..."); (c) mudança nos dêiticos (por exemplo, "aqui" se torna "lá"); (d) mudança de verbos para o passado (por exemplo, do futuro do presente para o futuro do pretérito, quando "eu irei" se torna "ela disse que iria").

A representação do discurso não é uma mera questão gramatical, ao contrário, é um processo ideológico cuja relevância deve ser considerada. Analisar em textos quais vozes são representadas em discurso direto, quais são representadas em discurso indireto e quais as consequências disso para a valorização ou depreciação do que foi dito e daqueles(as) que pronunciaram os discursos relatados no texto pode lançar luz sobre questões de poder no uso da linguagem.

A dialogicidade varia entre textos. Em alguns, a ausência de dialogicidade é saliente, com poucas instâncias de discurso relatado e pouca visibilidade de outras vozes. Nesses casos, representações oriundas de outras vozes são referidas sem serem relatadas, outras vozes são trazidas ao texto de uma forma que abstrai o que realmente foi dito e, então, reduz-se a diferença (Fairclough, 2003a).

A intertextualidade conecta um texto a outros textos, os quais nem sempre são claramente distinguíveis, assim como a pressuposição. Fairclough (2003a, p. 40) define a pressuposição como "o que não é dito, mas tomado como dado". O que aproxima a pressuposição da intertextualidade é que aquela também relaciona o texto ao "que foi dito ou escrito ou pensado em outro lugar", mas esse "outro lugar" é deixado vago. O que afasta a pressuposição da intertextualidade é, sobretudo, que esta constitui uma abertura para a diferença, trazendo outras vozes ao texto, enquanto aquela constitui um fechamento, uma vez que presume um conhecimento geral tomado como dado. Note, por exemplo, que não se obtém o mesmo efeito de sentido quando se afirma "O deputado (ainda) pensa/acredita/sustenta que esses desempregados são uns vagabundos" ou se afirma simplesmente "Esses desempregados são uns vagabundos", tomando-se a afirmação como fato. Note, ainda, que há implicações importantes na seleção do processo (pensa/acredita/sustenta) e na inclusão ou não do advérbio "ainda" no enunciado. Veja como são distintos os efeitos de sentido de "O deputado sustenta que esses desempregados são uns vagabundos" e "O deputado ainda acha que esses desempregados são uns vagabundos".

É preciso considerar, então, que nem sempre um texto que articula muitas vozes será um texto aberto à diferença. Em sua pesquisa acerca da representação da infância em situação de rua na literatura de cordel, Resende (2005a) constatou que em alguns textos a existência de diversas vozes articuladas não sinaliza uma abertura para a diferença. Isso acontece quando uma determinada voz é hegemônica no texto e outras perspectivas são referidas apenas para serem negadas.

A orientação dada para as diferenças em textos – sobretudo as diferenças entre representações, visto que diferentes representações podem legitimar maneiras particulares de ação e ser inculcadas em modos de identificação, de acordo com a dialética entre os três tipos de significado – é uma perspectiva interessante de análise do significado acional. Fairclough (2003a, pp. 41-2) aponta que eventos sociais e interações discursivas variam na natureza de sua orientação para a diferença. Ele identifica cinco cenários de negociação da diferença:

CENÁRIOS DE NEGOCIAÇÃO DA DIFERENÇA
(a) Abertura, aceitação e reconhecimento da diferença, uma exploração da diferença;
(b) Uma acentuação da diferença, conflito, polêmica, uma luta sobre significado, normas, poder;
(c) Uma tentativa para resolver ou superar a diferença;
(d) A diferença é "posta entre parênteses", com foco na solidariedade e na semelhança;
(e) Consenso, normalização e aceitação das diferenças de poder, suprimindo diferenças de significado e norma.

Quadro 5 – Os cenários de negociação da diferença.

Os eventos sociais, as interações e os textos podem combinar esse cenário de diversas maneiras. Uma situação comum, segundo Fairclough (2003a), é o fato de algumas questões serem "dialogizadas" e outras não, havendo uma orientação para a diferença em alguns temas, e não em outros. Essa orientação diferenciada pode relacionar-se a questões ideológicas implicadas na legitimação ou na universalização de representações particulares.

A orientação para a diferença é uma questão da dinâmica da interação discursiva em seu aspecto acional. A relação dessa orientação com o aspecto representacional é que representações externas ao texto (interdiscursivas) variam na proporção em que são afirmadas ou presumidas, enquanto a relação entre o balanço asserção/presunção e a hegemonia é que "uma medida do sucesso da universalização de uma representação do mundo é o quanto figura como presunção (como dado) em uma variedade de textos" (2003a, p. 46). Nesse sentido, Fairclough postula um *continuum* em que a opção mais dialógica é a atribuição do dito à voz que diz, a citação; em seguida, tem-se a asserção modalizada e a asserção não modalizada (ver a seguir); por fim, a opção menos dialógica é a pressuposição.

Por meio da observação de escolhas linguísticas feitas pelo locutor para representar o discurso do outro, é possível analisar seu grau de engajamento com o que enuncia, em sua atitude responsiva ativa, ou seja, se ele concorda, discorda ou polemiza outros atos de fala da rede de práticas sociais. Ramalho (2005a), por exemplo, verificou em reportagens sobre a invasão ao Iraque em 2003 uma preferência pelo relato de vozes de autoridades estadunidenses em detrimento do relato de vozes de vítimas da invasão.

Significado representacional e discurso

O significado representacional de textos é relacionado ao conceito de discurso como modo de representação de aspectos do mundo. Diferentes discursos são diferentes perspectivas de mundo, associadas a diferentes relações que as pessoas estabelecem com o mundo e que dependem de suas posições no mundo e das relações que estabelecem com outras pessoas (Fairclough, 2003a). Os diferentes discursos não apenas representam o mundo "concreto", mas também projetam possibilidades diferentes da "realidade", ou seja, relacionam-se a projetos de mudança do mundo de acordo com perspectivas particulares.[4] As relações estabelecidas entre diferentes discursos podem ser de diversos tipos, a exemplo das relações estabelecidas entre pessoas – discursos podem complementar-se ou podem competir um com o outro, em relações de dominação –, porque os discursos constituem parte do recurso utilizado por atores sociais para se relacionarem, cooperando, competindo, dominando.[5]

Assim como acontece com os gêneros discursivos, os discursos também variam em estabilidade e escala. Alguns discursos, em contextos sócio-históricos definidos, apresentam um alto grau de compartilhamento e repetição, podendo gerar muitas representações e participar de diferentes tipos de texto. A escala de atuação de um discurso também pode variar de representações localizadas a representações globais, capazes de colonizar diversas práticas na vida social, em boa parte do mundo. Nesse sentido, pode-se dizer que o discurso neoliberal apresenta alto grau de repetibilidade e atua em escala global, influenciando um sem-número de práticas (Bourdieu, 1998).

Um mesmo texto pode envolver diferentes discursos, e a articulação da diferença entre eles pode realizar-se de muitas maneiras, variando entre a cooperação e a competição. Quando discursos entram em competição em um texto, é comum haver um discurso "protagonista" e um discurso "antagonista". Nesse caso, a articulação serve a propósitos de negação de um discurso em nome da afirmação do outro.

Um mesmo aspecto do mundo pode ser representado segundo diferentes discursos (lembre-se do exemplo da globalização), e textos representando o mesmo aspecto do mundo podem, portanto, articular diferentes discursos, em relações dialógicas harmônicas ou polêmicas. A heterogeneidade de um texto em termos da articulação de diferentes discursos é chamada de *interdiscursividade*.[6] A análise interdiscursiva de um texto relaciona-se à identificação dos discursos articulados e da maneira como são articulados. A identificação de um discurso em um texto cumpre duas etapas: a identificação de que partes do mundo são representadas (os "temas" centrais) e a identificação da perspectiva particular pela qual são representadas. As maneiras particulares de representação de aspectos do mundo podem ser especificadas por meio de traços linguísticos, que podem ser vistos como "realizando" um discurso. O mais evidente desses traços distintivos é o vocabulário, pois diferentes discursos "lexicalizam" o mundo de maneiras diferentes (Fairclough, 2003a).

Uma outra categoria analítica que pode ser bastante profícua para se acessar o significado representacional em textos é a *representação de atores sociais*, amplamente discutida em Van Leeuwen (1997). As maneiras como atores sociais são representados em textos podem indicar posicionamentos ideológicos em relação a eles e a suas atividades. Determinados atores, por exemplo, podem ter sua agência ofuscada ou enfatizada em representações, podem ser representados por suas atividades ou enunciados ou, ainda, podem ser referidos de modos que presumem julgamentos acerca do que são ou do que fazem. Por isso, a análise de tais representações pode ser útil no desvelamento de ideologias em textos e interações.

Van Leeuwen (1997) apresenta uma descrição sociossemântica minuciosa dos modos pelos quais atores sociais podem ser representados. Cada uma das várias escolhas representacionais propostas pelo autor está ligada a realizações linguísticas específicas. Como aqui não cabe a discussão acerca de todas as possibilidades de realizações linguísticas, optamos pela ilustração de algumas delas.

Van Leeuwen (1997, p. 200) explica que, assim como nas narrativas ficcionais, nas narrativas da imprensa às *personagens sem nome* cabem apenas papéis passageiros e funcionais, elas não se tornam pontos de identificação para o leitor. Portanto, a opção pela representação por *nomeação* (em que nomes próprios são citados), de certa forma, significa uma valorização do autor nomeado.

Outra realização linguística que pode encobrir efeitos de sentido ideológicos é a *impersonalização por autonomização*, em que atores são representados por meio de uma referência aos seus enunciados, tal como em "o relatório afirmou", em vez de "o Ministro da Saúde afirmou". Como observa Van Leeuwen (1997, p. 209), a autonomização empresta uma espécie de autoridade impessoal aos enunciados; logo, como não é possível atribuir facilmente o enunciado a alguém, ele ganha o estatuto de "objetividade", o que implica sua valorização como verdadeiro.

A *agregação*, que quantifica grupos de atores com dados estatísticos (como em "80% dos brasileiros"), também é potencialmente ideológica, pois pode servir para regulamentar práticas e para produzir uma opinião de consenso, mesmo que se apresente como mero registro de fatos. Outros tipos de representação seguidos de exemplos são encontrados em Van Leeuwen (1997, p. 219). Com base no postulado desse analista crítico, formulamos o quadro a seguir:

EXCLUSÃO	SUPRESSÃO					
	COLOCAÇÃO EM SEGUNDO PLANO					
	ATIVAÇÃO					
	PASSIVAÇÃO	SUJEIÇÃO		ASSOCIAÇÃO		
				DISSOCIAÇÃO		
		BENEFICIAÇÃO		DIFERENCIAÇÃO		
				INDIFERENCIAÇÃO		
	PARTICIPAÇÃO					
	CIRCUNSTANCIALIZAÇÃO					
	POSSESSIVIZAÇÃO					
INCLUSÃO					FUNCIONALIZAÇÃO	
			CATEGORIZAÇÃO	IDENTIFICAÇÃO		CLASSIFICAÇÃO
						IDENTIFICAÇÃO RELACIONAL
						IDENT. FÍSICA
				AVALIAÇÃO		
		DETERMINAÇÃO	NOMEAÇÃO	FORMALIZAÇÃO		
				SEMIFORMALIZAÇÃO		
				INFORMALIZAÇÃO		
	PERSONALIZAÇÃO		DETERMINAÇÃO ÚNICA			
			SOBREDETERMINAÇÃO	INVERSÃO	ANACRONISMO	
					DESVIO	
				SIMBOLIZAÇÃO		
				CONOTAÇÃO		
				DESTILAÇÃO		
		INDETERMINAÇÃO				
		GENERALIZAÇÃO				
		ESPECIFICAÇÃO	INDIVIDUALIZAÇÃO			
			ASSIMILAÇÃO	COLETIVIZAÇÃO		
				AGREGAÇÃO		
	IMPERSONALIZAÇÃO	ABSTRAÇÃO				
		OBJETIVAÇÃO				

Quadro 6 – Representação de atores sociais.

Por fim, mais uma categoria de análise do significado representacional que será discutida aqui é a de "significado de palavra". Fairclough (2001a, p. 105) registra que um foco de análise recai sobre o modo como "os sentidos das palavras entram em disputa dentro de lutas mais amplas", sugerindo que "as estruturações particulares das relações entre os sentidos de uma palavra são formas de hegemonia". Sobre isso, em seu estudo sobre a infância em situação de rua, Resende (2005a, p. 72) nota:

> Um problema imediato para quem estuda a situação política e socialmente constrangedora de haver pessoas que, no contexto da modernidade, são deixadas à margem da mesma modernidade e são lançadas à vida nas ruas é o da denominação que se deve dar a essa situação. [...] Termos como "sem-teto" e "meninos(as) de rua" naturalizam o estado dessas pessoas como condição permanente: não *estão* sem teto, *são* sem-teto; não *estão* na rua, *são* de rua.

Os significados das palavras e a lexicalização de significados não são construções individuais, são variáveis socialmente construídas e socialmente contestadas, são "facetas de processos sociais e culturais mais amplos" (Fairclough, 2003a, p. 230). Além disso, a relação entre palavra e significado não é uma constante transhistórica, ao contrário, muitos significados potenciais são instáveis, o que pode envolver lutas entre atribuições conflitantes de significados – e a variação semântica é vista como um fator de conflito ideológico, pois os significados podem ser política e ideologicamente investidos. Ramalho (2005a) aponta, por exemplo, que a designação "terroristas", bastante utilizada atualmente com referência a integrantes do islã-político, já serviu, em outras épocas, para nomear comunistas. Da mesma forma, a autora chama a atenção para o fato de que o nome "eixo do mal", utilizado por George W. Bush em 2001 para designar o Irã, o Iraque e a Coreia do Norte, lembra muito o termo "império do mal", utilizado por Ronald Reagan em sua cruzada anticomunista, com referência à ex-União Soviética (Ramalho, 2006).

Rajagopalan (2003, p. 82) sustenta que o processo de nomeação é um ato eminentemente político, uma vez que a influência da mídia na opinião pública, favorável ou contrária a personalidades e acontecimentos noticiados, começa no ato de designação. Logo, a incipiente opção entre enunciar "*ditador Pinochet*" ou "*presidente Pinochet*" já constitui um ato político, um posicionamento ante o evento, dentro de lutas hegemônicas e de uma filiação a determinado discurso que pode tentar universalizar uma representação particular de mundo.

Significado identificacional e estilo

Por fim, voltamo-nos ao significado identificacional, relacionado ao conceito de "estilo". Estilos constituem o aspecto discursivo de identidades, ou seja, relacionam-se à identificação de atores sociais em textos. Como o processo de identificação no discurso envolve seus efeitos constitutivos, Fairclough (2003a) sugere que a identificação seja compreendida como um processo dialético em que discursos são inculcados em identidades, uma vez que a identificação pressupõe a representação, em termos de presunções, acerca do que se é.

Identidade e diferença são conceitos que estão em uma relação de estreita dependência. A afirmação da identidade é, segundo Silva (2000), parte de uma cadeia de negações, de diferenças, e afirmações sobre a diferença também dependem de uma cadeia de negações sobre identidades. Identidade e diferença são, então, conceitos mutuamente determinados.

Na perspectiva dos Estudos Culturais (Hall, 2000; Silva, 2000), tanto a identidade quanto a diferença são atos de criação linguística, ou seja, são criaturas do mundo social produzidas ativamente no discurso, em textos e interações.[7] Por se tratar de construções simbólicas, identidades e diferenças são instáveis, sujeitas a relações de poder e a lutas por sua (re)definição. A afirmação da identidade e da diferença no discurso traduz conflitos de poder entre grupos assimetricamente situados.

A criação ou proliferação de diferenças e a subversão ou ofuscação de diferenças entre objetos, entidades, eventos e atores sociais em representações são aspectos do processo social contínuo de classificação (Fairclough, 2003a). A identidade e a diferença relacionam-se, pois, às maneiras como a sociedade produz e utiliza classificações, por isso são conceitos importantes em teorias críticas, interessadas na investigação de relações de dominação – o privilégio de classificar implica o privilégio de atribuir valores aos grupos classificados. É por meio da representação que identidade e diferença ligam-se a sistemas de poder; questionar identidades e diferenças é, então, questionar os sistemas legitimados que lhes servem de suporte na atribuição de sentido. Note que essa observação ilustra a dialética entre os significados acional, representacional e ideacional.

Castells (1999, p. 23) aponta que toda e qualquer identidade é construída e para ele a principal questão acerca da construção da identidade é "como, a partir de que, por quem e para quê isso acontece", uma vez que isso é determinante do conteúdo simbólico da identidade. Como a construção da identidade sempre se dá em contextos de poder, Castells propõe três formas de construção da identidade: a *identidade legitimadora* é introduzida por instituições dominantes a fim de legitimar sua dominação; a *identidade de resistência* é construída por atores em situação desprivilegiada na estrutura de dominação e constitui, portanto, foco de resistência; a *identidade de projeto* é construída quando atores sociais buscam redefinir sua posição na sociedade e constitui recurso para mudança social. Há um fluxo entre esses tipos de identidade; por exemplo, uma identidade que se constrói como de resistência pode resultar em projeto e, por meio da mudança social, acabar constituindo uma identidade legitimadora.

Uma questão para a ADC é investigar como se dá o embate discursivo entre identidades. A luta hegemônica sobre modos de identificação é a luta entre a fixação/estabilização e a subversão/desestabilização de construções identitárias. Como toda hegemonia, a estabilização é sempre relativa, sempre há focos de luta sobre pontos de instabilidade (Fairclough, 1997), colocando em xeque os processos que tendem a conceber as identidades como fundamentalmente separadas (Hall, 2000).

Uma discussão relevante aqui envolve a dialética entre estrutura e ação do ponto de vista da liberdade relativa do sujeito. De acordo com essa dialética, a noção de "sujeito assujeitado" de Althusser (1985), referente à determinação estrutural do sujeito, é negada, visto que as pessoas não são apenas pré-posicionadas no modo como participam em eventos e interações sociais, são também agentes sociais criativos, capazes de criar e mudar coisas.

Fairclough (2003a, p. 160), seguindo Archer, distingue os conceitos de "agentes primários" e "agentes incorporados".[8] Em sua experiência no mundo, as pessoas são posicionadas involuntariamente como agentes primários pelo modo como nascem e sobre o qual são impossibilitadas, inicialmente, de operar escolhas – isso inclui as noções de gênero e classe social. A capacidade de agentes sociais transformarem sua condição nesse posicionamento primário depende de sua reflexividade para se transformarem em agentes incorporados, capazes de agir coletivamente e de atuar na mudança social.

Entre as categorias relacionadas ao significado identificacional, destacamos a avaliação, a modalidade e a metáfora para serem discutidas aqui. A avaliação inclui afirmações avaliativas (que apresentam juízo de valor), afirmações com verbos de processo mental afetivo (tais como "detestar", "gostar", "amar") e presunções valorativas (sobre o que é bom ou desejável).

As *afirmações avaliativas* são afirmações acerca do que é considerado desejável ou indesejável, relevante ou irrelevante. O elemento avaliativo de uma afirmação pode ser um atributo, um verbo, um advérbio ou um sinal de exclamação (Fairclough, 2003a, p. 172). A avaliação está sujeita a uma escala de intensidade – por exemplo, adjetivos e advérbios avaliativos agrupam-se em conjuntos semânticos de termos que variam de baixa a alta intensidade, como no *continuum* bom/ótimo/excelente.

No caso das *afirmações com verbos de processo mental afetivo*, diz-se que as avaliações são "afetivas" porque são geralmente marcadas subjetivamente, ou seja, marcam explicitamente a afirmação como sendo do autor, em estruturas como "eu *detesto* isso", "eu *gosto* disso", "eu *adoro* isso". Como os exemplos sugerem, nesses casos também se observa a gradação entre a baixa e a alta afinidade.

As *presunções valorativas* são os casos em que a avaliação não é engatilhada por marcadores relativamente transparentes de avaliação, em que os valores estão mais profundamente inseridos nos textos. A construção de significado depende não só do que está explícito em um texto mas também do que está implícito – o que está presumido. O que está "dito" em um texto sempre se baseia em presunções "não ditas", então, parte do trabalho de se analisar textos é tentar identificar o que está presumido. Conforme Fairclough (2003a, p. 58) indica, significados presumidos são de particular relevância ideológica – "pode-se dizer que relações de poder são mais eficientemente sustentadas por significados tidos, amplamente, como tácitos".

A categoria da modalidade é uma categoria complexa, que exige uma discussão um pouco mais detalhada. Segundo Halliday (1985, p. 75), a modalidade é "o julgamento do falante sobre as probabilidades ou obrigatoriedades envolvidas no que diz". Para esse autor, a modalidade associa-se a "um traço semântico essencial": a polaridade. A polaridade é a escolha entre positivo e negativo, como na oposição "é/não é", e a modalidade, para Halliday, são as possibilidades intermediárias entre sim e não, ou seja, os tipos de indeterminação situados entre os polos.

Em proposições (trocas de informação), o significado dos polos positivo e negativo é afirmar e negar ("isso é assim"/"isso não é assim"), sendo que há dois tipos de possibilidades intermediárias: os graus de probabilidade e os graus de frequência. Os graus de probabilidade variam, por exemplo, entre "possivelmente", "provavelmente", "certamente", ao passo que os graus de frequência variam, por exemplo, entre "às vezes", "normalmente", "sempre" (Halliday, 1985, p. 86).

Em propostas (trocas de "bens e serviços"[9]), o significado dos polos positivo e negativo envolve prescrever e proscrever, respectivamente ("faça isso"/"não faça isso"), e há também dois tipos de possibilidades intermediárias, nesse caso relacionados à função do discurso. Em uma ordem, os pontos intermediários entre a prescrição e a proscrição representam graus de obrigatoriedade, variando como no *continuum* permitido/esperado/obrigatório. Em uma oferta, os pontos intermediários representam graus de inclinação, como em desejoso de/ansioso por/determinado a.

Para Halliday, a modalidade refere-se especificamente aos graus intermediários entre os polos positivo e negativo em proposições, ou seja, os graus de probabilidade (possível/provável/certo) e frequência (esporádico/usual/frequente). Para o caso das escalas de obrigatoriedade (obrigatório/permitido/proibido) e inclinação (desejoso/ansioso/determinado), Halliday (1985, p. 86) sugere o termo *modulação*. Sumarizamos essa proposta acerca de modalidade e modulação no quadro a seguir:

TROCA DE	FUNÇÃO DISCURSIVA		TIPO DE INTERMEDIAÇÃO		REALIZAÇÃO TÍPICA	EXEMPLO
informação	proposição (*proposition*)	afirmação pergunta	modalidade	probabilidade (possível/provável/certo)	verbo modal	Eles devem ter sabido.
					advérbio modal	Eles certamente souberam.
					ambos	Eles certamente devem ter sabido.
				frequência (às vezes/ frequentemente/ sempre)	verbo modal	Isso pode acontecer.
					advérbio modal	Isso sempre acontece.
					ambos	Isso sempre pode acontecer.
bens e serviços	proposta (*proposal*)	ordem oferta	modulação	obrigação (permitido/ esperado/ exigido)	verbo modal	Você precisa ser paciente.
					predicador verbal (-se)	Exige-se que você tenha paciência.
				inclinação (desejo/ansiedade/ inclinação)	verbo	Eu quero ajudar.
					predicador adjetivo	Estou determinado a ajudar.

Quadro 7 – Modalidade e modulação.

Ao retomar a teoria de Halliday acerca da modalidade, Fairclough (2003a, p. 168) modifica-a. Um primeiro ponto que distingue as duas perspectivas é que Fairclough elimina a distinção entre modalidade e modulação, unificando os processos sob o título de modalidade. Para ele, "a questão da modalidade pode ser vista como a questão de quanto as pessoas se comprometem quando fazem *afirmações, perguntas, demandas* ou *ofertas*". Afirmações e perguntas referem-se à troca de conhecimento (a troca de informação de Halliday); demandas e ofertas referem-se à troca de atividade (a troca de bens e serviços de Halliday), sendo que todas essas funções discursivas relacionam-se à modalidade.

Em trocas de conhecimento, a modalidade é *epistêmica*, refere-se ao comprometimento com a "verdade"; já em trocas de atividade, a modalidade é *deôntica*, refere-se ao comprometimento com a obrigatoriedade/necessidade.

A segunda distinção entre os postulados de Halliday e Fairclough acerca da modalidade diz respeito aos polos positivo e negativo. Halliday (1985, p. 86) define como modalidade "os graus intermediários entre os polos positivo e negativo", de modo que as proposições polares (asserção e negação absolutas) ficam fora do estudo da modalidade. Fairclough, ao contrário, assume uma categoria ampla de modalidade que inclui os polos. Nesses casos, Fairclough sugere uma *modalidade categórica*. Além disso, Fairclough acrescenta uma reflexão acerca das distinções temporais, como as distinções entre pode/poderia e deve/deveria, que coincidem com a distinção entre não hipotético e hipotético.

Fairclough acrescenta uma outra distinção: *modalidade objetiva* e *modalidade subjetiva*. Na modalidade objetiva, a base subjetiva do julgamento está implícita: não fica claro qual o ponto de vista privilegiado na representação, se "o falante projeta seu ponto de vista como universal ou age como veículo para o ponto de vista de um outro indivíduo ou grupo" (Fairclough, 2001a, p. 200). Na modalidade subjetiva, a base subjetiva para o grau de afinidade com a proposição é explicitada, deixando claro que a afinidade expressa é do próprio falante.

No quadro seguinte, procuramos resumir as principais recontextualizações de Fairclough (2003a, 2001a) ao postulado de Halliday, no que tange especificamente à modalidade e à modulação.

HALLIDAY (1985)	FAIRCLOUGH (2003a)
MODALIDADE ⟶	MODALIDADE EPISTÊMICA
Troca de informação ⟶	Troca de conhecimento
MODULAÇÃO ⟶	MODALIDADE DEÔNTICA
Troca de bens e serviços ⟶	Troca de atividade
A modalidade e a modulação referem-se aos graus intermediários entre os polos. ⟶	As modalidades epistêmica e deôntica incluem os polos (modalidade categórica)
	Acrescenta uma reflexão acerca das distinções temporais (hipotético/não hipotético). Acrescenta distinção entre modalidade objetiva e modalidade subjetiva (graus de afinidade).

Quadro 8 – Operacionalização dos conceitos de modalidade e modulação em Fairclough (2003a).

A realização linguística clássica da modalidade são os verbos e advérbios modais com os adjetivos correspondentes. Não obstante, há uma gama de outros fenômenos linguísticos e paralinguísticos que deve ser considerada. Charaudeau e Maingueneau (2004, p. 336), por exemplo, distinguem os seguintes elementos como relevantes para a categoria de modalidade:

> [...] advérbios e locuções adverbiais (talvez, felizmente...), interjeições (ai! ufa!), adjetivos (desejável, indiscutível...), verbos (querer, dever...), entonação (afirmativa, interrogativa...) modos do verbo (subjuntivo, indicativo...), tempos verbais (futuro, condicional...), glosas metaenunciativas ("se eu posso dizer", "de qualquer forma"...), rupturas enunciativas de vários níveis (ironia, discurso citado...), sinais tipográficos (aspas) [...].

A importância do estudo da modalidade para o significado identificacional é decorrente do fato de que a modalidade é entendida como a relação entre o(a) autor(a) de um texto e a representação. A modalidade é relevante na construção discursiva de identidades, porque "o quanto você se compromete é uma parte significativa do que você é – então escolhas de modalidade em textos podem ser vistas como parte do processo de texturização de autoidentidades" (Fairclough, 2003a, p. 166).

Mas o processo de identificação sempre é afetado pelo processo de relação social, o que implica que escolhas de modalidade são significativas não só na identificação mas também na ação e na representação, em um exemplo claro da dialética entre os três aspectos do significado. Nesse sentido, Fairclough (2001b) sugere uma relação entre modalidade e hegemonia: o uso restrito de elementos modalizantes e a predileção por modalidades categóricas e por modalidades objetivas permitem que perspectivas parciais (discursos particulares) sejam universalizadas.

Em outras palavras, se um texto apresenta alta densidade de modalidades categóricas (o que evidencia um alto grau de comprometimento do(a) autor(a) com suas proposições) e as modalidades são predominantemente objetivas (ou seja, na maior parte das vezes o(a) autor(a) não explicita a base subjetiva de seu comprometimento), o efeito disso é uma universalização da perspectiva (discurso) defendida no texto, que é tomada tacitamente como verdadeira, uma vez que não há marca dessa perspectiva como sendo uma perspectiva particular.

Perspectivas parciais também podem ser universalizadas quando usamos *metáforas*. Lakoff e Johnson (2002, p. 45) explicam que as metáforas estão infiltradas na vida cotidiana, não somente na linguagem mas no pensamento e na ação. Sendo assim, nosso sistema conceptual é metafórico por natureza. Isso significa que os conceitos que estruturam os pensamentos estruturam também o modo como percebemos o mundo, a maneira como nos comportamos no mundo e o modo como nos relacionamos com outras pessoas de acordo com nossa experiência física e cultural.

A essência da metáfora, segundo Lakoff e Johnson (2002, pp. 49-50), "é compreender uma coisa em termos de outra", o que não iguala os conceitos, trata-se de uma estruturação parcial com base na linguagem. Por exemplo, em "Ele é um touro" os conceitos relacionados pela metáfora ("ele" e "touro") não são, evidentemente, igualados. O que ocorre é que certas características de "touro" são mapeadas para "ele" (por exemplo, força, virilidade ou falta de delicadeza).

Conceitos são metaforicamente estruturados no pensamento e consequentemente na linguagem, logo, a metáfora não nasce na linguagem, ela reflete-se na linguagem porque existe em nosso sistema conceptual. Lakoff e Johnson (2002) pontuam que a metáfora não é uma questão meramente linguística ou lexical, ao contrário, o pensamento humano é largamente metafórico e a metáfora só é possível como expressão linguística porque existe no sistema conceptual humano.

Podemos compreender aspectos de um conceito em termos de outro, no caso das *metáforas conceptuais*, como em "*tempo é dinheiro*", em que o conceito de tempo é compreendido em termos de dinheiro, o que implica poder-se *investir tempo, gastar tempo, desperdiçar tempo* (Lakoff e Johnson, 2002, p. 50).

Também organizamos conceitos em relação a uma orientação espacial, no caso do uso de *metáforas orientacionais*, em que conceitos recebem uma orientação espacial não arbitrária, baseada na nossa experiência física e cultural. Muitos dos nossos conceitos fundamentais são organizados em termos de metáforas espaciais, pois nossa experiência física e cultural fornece muitas bases possíveis para metáforas espaciais. Exemplo disso são estruturas como "*hoje estou me sentindo para baixo*". Lakoff e Johnson (2002, pp. 61-2) explicam que, na cultura ocidental, espacialização para baixo é experienciada em termos do que é *mau*, ao passo que espacialização para cima é experienciada em termos do que é *bom*. Isso serve para ilustrar o caráter cultural da metáfora.

Assim como a orientação espacial nos leva a metáforas orientacionais, nossa experiência física com objetos – em especial nosso próprio corpo físico – nos fornece a base para uma variedade de *metáforas ontológicas*: maneiras de entender eventos, atividades, emoções, ideias como entidades e substâncias. Entender nossa experiência em termos de objetos e substâncias físicas nos permite identificá-la como entidades às quais podemos nos referir, categorizar, agrupar. Deste modo, as metáforas ontológicas são importantes para racionalizar muitas de nossas experiências abstratas. Entender a experiência como uma entidade nos permite a quantificação, a identificação de seus aspectos, causas e consequências. Por exemplo, *inflação* é um conceito abstrato frequentemente compreendido metaforicamente como um *inimigo que deve ser combatido*, em termos concretos. Graças a esse mapeamento metafórico construímos enunciados como "Precisamos combater a inflação" (Lakoff e Johnson, 2002, pp. 76-7).

Sumarizamos os tipos de metáforas segundo a perspectiva cognitiva de Lakoff e Johnson (2002) no Quadro 9 a seguir:

TIPOS DE METÁFORAS		
METÁFORAS CONCEPTUAIS	conceitos são estruturados metaforicamente em termos de outros	Ex. "TEMPO É DINHEIRO" - A partir dessa metáfora, construímos orações como "você está *gastando* meu tempo".
METÁFORAS ORIENTACIONAIS	conceitos recebem uma orientação espacial não arbitrária, pois é baseada na nossa experiência física e cultural.	Ex. "Hoje estou me sentindo para baixo."
METÁFORAS ONTOLÓGICAS	maneiras de entender eventos, atividades, emoções, ideias como entidades e substâncias	Ex. "Precisamos combater a inflação."

Quadro 9 – Tipos de metáforas segundo Lakoff e Johnson.

Todos os tipos de metáforas necessariamente realçam ou encobrem certos aspectos do que representam. Fairclough (2001a, p. 241) registra que quando significamos algo por meio de uma metáfora e não de outra estamos construindo nossa realidade de uma maneira e não de outra, o que sugere filiação a uma maneira particular de representar aspectos do mundo e de identificá-los; daí a importância dessa categoria para a análise do significado identificacional em textos.

A relação entre os significados acional, representacional e identificacional é dialética, ou seja, os três aspectos não são isolados entre si, sua distinção é somente uma necessidade metodológica. A representação relaciona-se não só ao conhecimento mas também tem implicação sobre a ação, pois representações são formas de legitimação; a ação refere-se às relações sociais e também ao poder; a identificação relaciona-se às relações consigo mesmo e à ética. Em poucas palavras, pode-se afirmar que discursos (significados representacionais) são concretizados em gêneros (significados acionais) e inculcados em estilos (significados identificacionais), e que ações e identidades (incluindo gêneros e estilos) são representadas em discursos (Fairclough, 2003a). Assim, a distinção entre os três aspectos do significado é analítica, mas não exclui a fluidez e a internalização entre eles. As formulações acerca de ação, representação e identificação apontam para a possibilidade – e para a necessidade – de rompimento dos limites entre a Linguística e as Ciências Sociais.

Notas

[1] Análises desses gêneros, segundo a ADC, podem ser encontradas, respectivamente, em Resende (2005a) e Ramalho (2005a). No capítulo "Exemplos de práticas de análise", alguns exemplos oriundos dessas pesquisas são resgatados.

[2] Fairclough (2001a, p. 153) adota o termo "representação de discurso" em lugar de "discurso relatado" porque "ele capta melhor a ideia de que, quando se 'relata' o discurso, necessariamente se escolhe representá-lo de um modo em vez de outro". Entretanto, preferimos manter "relatar" em lugar de "representar" para evitar confusão com a representação no significado representacional.

[3] Fairclough cita a obra *A Grammar of Contemporary English*, de R. Quirk, S. Greenbaum, G. N. Leech e J. Svartvik, editada em Londres, pela editora Longman, em 1972.

[4] A "realidade" aparece entre aspas porque não há como representar o mundo "real" sem associar a representação a perspectivas particulares a respeito dessa "realidade", ou seja, a discursos particulares.

[5] De acordo com seu interesse no novo capitalismo, Fairclough (2003a) apresenta como exemplo as representações discursivas conflitantes a respeito da globalização. O discurso hegemônico representa a globalização como um fenômeno natural, mas há também um discurso contra-hegemônico que capta seu caráter processual. A relação entre esses discursos é de competição.

[6] Em *Discurso e mudança social*, a interdiscursividade também é relacionada à articulação de outros elementos de ordens de discurso, como a estrutura genérica.

[7] Com as ressalvas de que, segundo Fairclough (2003a), aspectos não semióticos da prática social também influenciam na construção de identidades e de que as pessoas não são apenas pré-posicionadas, elas também são agentes sociais criativos.

[8] Fairclough faz referência ao livro *Being Human: the problem of agency*, editado pela Cambridge University Press, em 2000.

[9] Em Halliday (1988, p. 86), "*goods & services*".

Exemplos de práticas de análise

O objetivo deste capítulo é tornar mais concretas as abordagens teórico-metodológicas discutidas anteriormente. Cada uma de nós preparou um breve recorte de sua pesquisa realizada no programa de pós-graduação em Linguística da Universidade de Brasília, sob orientação da profa. Denize Elena Garcia da Silva (Ramalho, 2005; Resende, 2005a) com o intuito de oferecer alguns exemplos de aplicação do arcabouço teórico-metodológico da ADC e das categorias analíticas discutidas no capítulo precedente, em análises que se ocupam com problemas sociais parcialmente discursivos.

Lembramos que tal aplicação impõe uma abordagem crítica explanatória, em que textos representam materializações discursivas eventuais que devem ser analisadas, tendo em vista não só práticas particulares de produção desses textos mas também a constituição de redes de práticas interligadas. Nessa perspectiva, os exemplos seguintes trazem reflexões sociodiscursivas, ou seja, os(as) leitores(as) não encontrarão análises linguísticas isentas de reflexões de cunho social. Esse vínculo justifica-se pela percepção da linguagem como uma forma de ação social que, por um lado, constitui a realidade e, por outro, é constituída por essa mesma realidade.

Esperamos que esses exemplos, ainda que incompletos, possam ser úteis tanto para uma melhor compreensão do tipo de investigação realizado por analistas críticos(as) de discurso quanto como material de apoio para trabalhos com o discurso.

A invasão estadunidense ao Iraque no discurso da imprensa brasileira

Nesta seção, apresentamos parte do trabalho "O discurso da imprensa brasileira sobre a invasão anglo-saxônica ao Iraque" (Ramalho, 2005a), em que procuramos analisar diferentes discursos jornalísticos sobre a investida dos EUA contra o Iraque em 2003.

Partindo de pressupostos teórico-metodológicos da ADC (Chouliaraki e Fairclough, 1999; Fairclough, 1989, 2001a, 2003a), nesse trabalho investigamos discursos jornalísticos da mídia impressa brasileira sobre a invasão ao Iraque. Foi analisada, primeiramente, a conjuntura da qual o discurso em questão é uma faceta. Em seguida, analisamos um *corpus* principal, constituído de reportagens das revistas brasileiras *Veja* e *Caros Amigos*, e um *corpus* ampliado, composto por entrevistas com jornalistas responsáveis pelos textos, bem como por discursos do presidente vigente dos EUA, George W. Bush.

O objetivo principal dessa pesquisa foi refletir sobre relações constituintes da conjuntura em que os EUA atacaram o Iraque, a fim de identificar sentidos em textos que possam contribuir para a sustentação do poder hegemônico estadunidense em escala global. Por meio da investigação sobre o posicionamento local da mídia brasileira ante as tendências globalizantes da hegemonia dos EUA, foram levantadas reflexões sobre a relação dialética entre discurso e outros momentos que compõem práticas sociais particulares que, de alguma forma, estavam envolvidas com o conflito internacional.

A análise sociodiscursiva realizada em tal trabalho sugere que, em grande parte, os sentidos veiculados pela grande mídia têm caráter ideológico, na medida em que tendem a reforçar conhecimentos, crenças e valores que podem ter contribuído, de alguma forma, não só para a construção de uma identidade negativa para iraquianos e muçulmanos mas também para a legitimação da invasão.

Nesta seção, iniciaremos apresentando breves reflexões sobre a conjuntura em que o discurso jornalístico foi produzido, assim como sobre a prática particular da imprensa nesse contexto social. Procuramos relacionar o discurso jornalístico com a recente reestruturação do capitalismo e seu impacto nas relações sociais, na função da mídia, na política, na noção de poder e na construção de subjetividades.

Em seguida, apresentamos análises da reportagem "O califado do medo", publicada em fevereiro de 2002, pela revista *Veja*. O texto, tomado como parte do evento social específico da invasão, é analisado segundo três categorias já discutidas no capítulo anterior, quais sejam, *intertextualidade, representação de atores sociais* e *metáforas*. Por meio da análise de tais categorias, realizamos a conexão entre o evento social concreto da invasão ao Iraque e práticas sociais mais abstratas, relacionadas em certa medida com a instauração e sustentação de uma suposta "nova ordem mundial", cujo líder são reconhecidamente os EUA.

Invasão estadunidense ao Iraque: aspectos conjunturais

Uma visão mais crítica sobre a investida dos EUA contra o Iraque não deve se furtar à discussão acerca da instauração e sustentação de um tipo de poder hegemônico que pretende, no contexto da modernidade tardia, desempenhar o papel de guardião do novo capitalismo. Assim sendo, detemo-nos, primeiramente, na tarefa de discutir algumas características gerais dessa conjuntura moderna tardia para, posteriormente, tecer algumas considerações sobre o evento particular da invasão.

Comecemos pelo conceito de modernidade tardia. Conforme discussão apresentada no capítulo "Ciência Social Crítica e Análise de Discurso Crítica", Giddens (2002, p. 221) utiliza o termo modernidade tardia para se referir à "presente fase de desenvolvimento das instituições modernas, marcada pela radicalização e globalização dos traços básicos da modernidade". Nesses traços básicos, encontram-se as três principais fontes do dinamismo da modernidade: a separação de tempo e espaço, os mecanismos de desencaixe e a reflexividade institucional.

Nessa perspectiva, o dinamismo da modernidade relaciona-se diretamente com o aumento na mediação da experiência que a comunicação de massa propiciou.[1] A televisão, o cinema, os vídeos, os jornais, as revistas, bem como outros meios impressos, são vistos tanto como expressões das tendências globalizantes, desencaixadoras da modernidade, quanto como instrumentos de tais tendências. Diante desse rompimento de fronteiras de tempo-espaço, cumpre questionar em que medida informações e conhecimentos podem influenciar, por exemplo, a formação de um consenso favorável à legitimidade de invasões bélicas ou mesmo influenciar o desencadeamento delas.

Uma perspectiva que se quer mais crítica pode problematizar a visão de Giddens (1991, p. 69), para quem a globalização é "a intensificação das relações sociais em escala mundial, que ligam localidades distantes de tal maneira que acontecimentos locais são modelados por eventos ocorrendo a muitas milhas de distância e vice-versa". Essa intensificação de relações em escala mundial pode ser associada a interesses particulares de uma elite financeira, voltados para a reformulação do capitalismo. Dessa forma, parece possível ver o avivamento das tendências globalizantes e desencaixadoras da modernidade como um instrumento potencialmente capaz de contribuir para a relativa permanência da visão política, social, econômica e cultural hegemônica.

Segundo revisão bibliográfica, há pelo menos 60 anos os EUA vêm tentando estabelecer e sustentar hegemonicamente seu poder militar e econômico, provavelmente, desde a Conferência Financeira e Monetária das Nações Unidas, realizada em Bretton Woods em julho de 1944 (Stiglitz, 2002). Um segundo marco importante para a instauração da hegemonia estadunidense pode ser localizado na crise da economia capitalista em meados de 1970.[2] Nessa época, as ideias neoliberais disseminaram-se de maneira mais intensa, dando origem a um novo tipo de regime capitalista, denominado por Harvey (1992) de *regime de acumulação flexível*.

Em consonância com Harvey (1992), Hardt e Negri (2004, p. 300) apontam três momentos distintos na sucessão de paradigmas econômicos desde a Idade Média. O primeiro, quando a agricultura e a extração de matérias-primas dominaram a economia; o segundo, quando a indústria e a fabricação de bens duráveis ocuparam posição privilegiada; e um terceiro, o atual, cuja produção centra-se na oferta de serviços e manuseio de informações. Tais paradigmas econômicos também são convergentes com os três estágios da mudança social propostos por Giddens, Beck e Lash (1997): da *tradição* para a (simples) *modernidade* à *modernidade reflexiva (tardia)*.

Essa reestruturação do capitalismo significou a vitória de um modelo global de autoridade fundado na hegemonia econômica e militar dos Estados Unidos, o *Império*. Em contraste com o imperialismo, o Império não estabelece um centro territorial de poder nem se baseia em fronteiras ou barreiras fixas. É um aparelho de descentralização e desterritorialização que incorpora gradualmente o mundo inteiro (Hardt e Negri, 2004,

p. 12). O conceito de Império sugere, por um lado, ausência de fronteiras, isto é, o poder exercido por ele não tem limites. Por outro, sugere uma atuação de "guardião da paz mundial".

A hegemonia dos EUA como polícia do mundo remonta, portanto, ao pós-Segunda Guerra, mas foram as guerras contra o Iraque em 1991 e 2003 que marcaram o início dessa "nova ordem mundial"[3] imperial, cujos líderes são reconhecidamente os EUA. Hardt e Negri (2004, p. 331) identificam esse marco na Primeira Guerra do Golfo em 1990, ao passo que Harvey (2004, p. 31) o localiza na invasão ao Iraque em 2003. A primeira proposta parece mais aceitável, uma vez que a autorização aos Estados Membros da Comissão Especial das Nações Unidas para usar "todos os meios necessários" para liberar o Kwait foi dada aos EUA em 1990 (Lamazière, 1998, p. 9). Logo, a invasão ao Iraque em 2003 pode ser considerada uma segunda investida dos EUA como guardião do neoliberalismo globalizado, e não da "paz mundial".

Seguindo tal raciocínio, é possível sugerir que as características institucionais da modernidade tardia não são fenômenos inertes da natureza ou evoluções naturais e irreversíveis, sem intervenção de agentes sociais ou de ideologias como o discurso hegemônico o quer. Trata-se de construção e sustentação de uma visão de mundo, incluindo seu discurso, que favorece um grupo particular que procura sustentar a globalização neoliberal e envolver todas as relações de poder em uma ordem hegemônica. E o faz por meio de "uma poderosa função policial contra novos bárbaros e escravos rebeldes que ameaçam sua ordem" (Hardt e Negri, 2004, p. 37).

Os novos bárbaros e escravos rebeldes que, supostamente, ameaçam a ordem do Império são reconhecidamente os movimentos radicais do islã-político, os grupos iraquianos que resistiram à ocupação ou mesmo Saddam Hussein. Para atingir seus objetivos disciplinadores, o poder único usa a força necessária para conduzir, quando julga necessário, "guerras justas" nas fronteiras contra os bárbaros e, no plano interno, contra os rebeldes, a exemplo dos iraquianos, que precisariam ser "civilizados" e "modernizados", o que significa a incorporação do país ao ciclo de produção e acumulação capitalistas. Quando não é possível manter a disciplina capitalista somente por meio do consenso, a exemplo do caso iraquiano, o Império lança mão do uso legal da força e executa supostas "guerras justas".

Ao Império cabe a tarefa de disciplinar a sociedade global e assegurar a ordem necessária para o funcionamento da economia neoliberal globalizada, dado que "o sistema de segurança é essencial para o bom funcionamento de um sistema econômico" (Lamazière, 1998, p. 31). O poder de Saddam sobre a região do mundo mais rica em petróleo, o recurso natural que mantém em movimento a infraestrutura industrial mundial, provavelmente representava uma ameaça ao sucesso da "nova ordem". Sendo assim, os eventos de 11 de Setembro de 2001 parecem ter sido usados pelos EUA como justificativa para ocupar a região petrolífera, a fim de manter o bom funcionamento da economia neoliberal globalizada.

Além de dispor desse alicerce jurídico, assegurado desde meados de 1944, para agir contra quem ameaça a sua ordem, o Império também dispõe de uma máquina comunicacional de alta tecnologia que representa uma fonte de legitimação e sustentação da hegemonia. A ordem social do Império baseia-se num modelo de *sociedade de controle*, em que o poder é exercido por sistemas de comunicação e redes de informação que organizam internamente as práticas diárias e comuns, não se restringindo a locais estruturados de instituições sociais, mas se estendendo em redes flexíveis e flutuantes (Hardt e Negri, 2004, pp. 42-60). No contexto informacional do novo capitalismo, a economia baseada no discurso é parcialmente responsável pela produção de novas identidades, novos estilos de vida e ideologias.

Dessa forma, o Império também tenta assegurar sua hegemonia por meio de alianças com indústrias de comunicação que, no caso da invasão ao Iraque em 2003, controlaram o sentido do imaginário em escala global, construindo inimigos e visões ocidentais que estigmatizaram a identidade social do povo médio-oriental. No caso da cobertura brasileira da invasão, o sentido do imaginário foi ditado pelos discursos do presidente vigente George Walker Bush, do exército norte-americano, da rede de TV americana CNN, dentre outros discursos hegemônicos que se transformaram em notícias, primeiramente divulgadas pelos grandes monopólios da imprensa brasileira e que, posteriormente, alimentavam e geravam novas notícias.

Assim sendo, a complexa conjuntura em que representações discursivas sobre a invasão ao Iraque foram produzidas envolve várias lutas hegemônicas entre proprietários de grandes redes de comunicação, acionistas, operadores financeiros, industriais, políticos conservadores, altos funcionários das finanças e outros, que se beneficiam da "exploração sem fronteiras geográficas" (Bourdieu, 1998, p. 53), por um lado, e os perdedores da globalização, a exemplo do povo iraquiano. Sendo assim, por constituírem espaços de luta pelo poder, em que um discurso hegemônico tenta suprimir tanto formas de vida quanto discursos que resistem à imposição da "nova ordem mundial" do Império, textos jornalísticos constituem rico material a partir do qual se é possível pesquisar a relação dialética entre discurso e outros momentos de práticas sociais da modernidade tardia, a fim de problematizar relações de dominação.

Análise da reportagem "O califado do medo"

Nesta subseção, analisamos a reportagem "O califado do medo", publicada pela revista *Veja*, em 5 de fevereiro de 2002, edição 1788, ano 36, n. 5. Começamos pela categoria analítica *intertextualidade*, seguindo para a análise da categoria *representação de atores sociais* e encerrando com a análise de *metáforas*.

Intertextualidade: maneiras de agir

Retomando a discussão realizada na seção "Significado acional e gênero", do capítulo "Linguística Sistêmica Funcional e Análise de Discurso Crítica", podemos dizer que a intertextualidade é uma questão de recontextualização, ou seja, um movimento de um contexto a outro que acarreta transformações particulares dependendo de como o material é movimentado, recontextualizado, de como ele figura no novo contexto. Dado que práticas sociais encerram diferentes discursos e interesses particulares, a presença de uma voz específica, de maneiras específicas, em vez de outras, sinaliza o posicionamento do autor do texto, inserido em determinadas conjunturas, nas lutas de poder. A seleção das vozes nessa recontextualização, bem como as maneiras como elas são representadas, diz muito sobre o posicionamento político desse evento discursivo na rede de práticas sociais.

Nesta subseção será apresentada a análise da intertextualidade no texto em foco, com a finalidade de se verificar a relação das vozes alheias com a voz do autor do texto, segundo a abertura ou fechamento da diferença.

De modo geral, o gênero textual "reportagem" representa muitas vozes das partes envolvidas em eventos noticiosos. No caso do evento da invasão ao Iraque, parece ter havido uma certa preferência, por parte da grande mídia, pela representação de vozes do invasor. Embora as análises não consigam esgotar todos os recursos dos textos, o Quadro 10 – Representação de vozes em "O califado do medo" – procura distribuir algumas vozes representadas no texto. Tal distribuição está organizada de acordo com algumas possibilidades linguísticas de realização da intertextualidade, quais sejam, o discurso direto, o discurso indireto e a pressuposição.

Realizações linguísticas	Vozes representadas
Discurso direto	• Governo iraquiano • Iraquiano Ibrahim al-Marashi, pesquisador do Instituto de Estudos Internacionais da Califórnia
Discurso indireto	• Nações Unidas • Revista Forbes • Um dossiê do governo inglês • Kenneth Pollack, diretor de assuntos do Golfo no Conselho de Segurança Nacional do governo Clinton e atual pesquisador do Instituto Brookings • Khidhir Hamza, ex-diretor do programa nuclear iraquiano, refugiado nos EUA • Exilados iraquianos • Jornalista americano Mark Bowden • Daniel Pipes, historiador norte-americano • Relatos recolhidos pelo Comitê contra a Repressão e pelos Direitos Humanos no Iraque • Organização de dissidentes iraquianos com sede em Londres • Analistas do regime iraquiano não nomeados no texto
Exemplos de pressuposições existenciais	• "*um* ditador" (p. 66) • "*depois de* provocar duas guerras" (p. 66) • "*numa* nação miserável e isolada" (p. 66) • "*o* arsenal de armas químicas e bacteriológicas do ditador" (p. 68) • "*numa sociedade tribal* como a iraquiana" (p. 70)

Quadro 10 - Representação de vozes em
"O califado do medo" – dados levantados em Barella (2002).

Em relação ao uso da citação em discurso direto, no texto em análise destaca-se o distanciamento entre a voz do produtor do texto e uma voz que pode ser atribuída ao governo de Saddam. Há quatro ocorrências de termos que são colocados entre aspas, como apresentam os exemplos a seguir:[4]

(1) Os métodos assustam pela criatividade e incluem choques elétricos, espancamentos, queimaduras e todo tipo de intimidação sexual – esta, conduzida por estupradores profissionais, cujo cargo oficial se chama 'violador da honra' (p. 68).

(2) No subsolo do Diretório de Segurança Geral, no centro da capital [Bagdá], a solitária leva o nome de 'prisão-caixão' (p. 68).

(3) O atestado de óbito pode indicar queimadura, afogamento ou outro tipo de 'acidente' como causa da morte (p. 70).

(4) Na semana seguinte, os 'traidores' foram executados (p. 72).

Maingueneau (1997, p. 76) explica que o uso das aspas no discurso como marca da polifonia[5] só pode ser determinado fazendo-se referência ao seu modo de funcionamento e de contextualização no discurso representador, podendo servir especificamente para distanciar a si próprio da voz externa, usar a autoridade da voz alheia para sustentar sua própria posição, inovar ou introduzir uma palavra nova. No caso dos exemplos de (1) a (4), o uso de aspas serve especificamente para distanciar as vozes, o que sugere acentuação conflituosa da diferença.

Nos dois primeiros exemplos, os termos supostamente utilizados pelo governo iraquiano "violador da honra" e "prisão-caixão" são recontextualizados e destacados com as aspas. O exemplo (3) ilustra um enunciado irônico, pois o locutor usa a palavra "acidente", mas não assume o ponto de vista que ela representa. Segundo Maingueneau (1997, p. 77), um enunciado irônico faz ouvir uma voz diferente da do locutor, a voz de um enunciador que expressa um ponto de vista insustentável. Sendo assim, torna-se claro o distanciamento e a acentuação conflituosa da diferença entre as vozes do locutor e a do governo de Saddam.

O fechamento para a diferença e a afinidade se dá com todas as demais vozes, que servem para sustentar o argumento de que Saddam seria um tirano que deveria ser deposto, como quis

George W. Bush. Um dado relevante é o fato de que as poucas vozes iraquianas presentes na reportagem não representam a população, mas autoridades especialistas vinculadas ao governo estadunidense, bem como refugiados, exilados e dissidentes iraquianos. As vozes de autoridades não representam o ponto de vista das vítimas iraquianas, e, sim, de pessoas que partilham com os EUA os interesses hegemônicos. Vejamos o exemplo (5):

> (5) <u>De acordo com exilados iraquianos,</u> Udai [filho mais velho de Saddam] costuma torturar pessoalmente os desafetos presos e pede que as sessões sejam gravadas em vídeo para assistir depois (p. 71).

A voz de exilados, ilustrada no exemplo (5), representa fragmentação ideológica da unidade do povo iraquiano, que é segmentado no texto por constituir um desafio aos grupos dominantes. Vale lembrar que a intenção desta análise é mapear construções ideológicas e não legitimar ações ditatoriais do governo do Iraque. Sendo assim, não nos cabe julgar os dados apresentados, mas verificar a ênfase dada no texto a determinados crimes e respectivos autores em vez de outros, o que sugeriu, no caso desse texto, a segmentação do povo iraquiano.

Nesse texto, o discurso do locutor também se aproxima do de George W. Bush. Vejamos o seguinte excerto de um pronunciamento do presidente dos EUA:

> (6) No entanto, em todos esses esforços, o propósito da América é mais que seguir um procedimento, é alcançar um resultado: <u>acabar com as terríveis ameaças contra o mundo civilizado</u> [...] <u>Este ditador que monta as</u>

armas mais perigosas do mundo já as utilizou contra cidades inteiras, deixando centenas de seus próprios cidadãos mortos, cegos ou desfigurados. Os refugiados iraquianos contam-nos como confissões forçadas foram obtidas: pela tortura de crianças enquanto seus pais observavam. Grupos internacionais de direitos humanos catalogaram outros métodos usados nas câmaras de tortura do Iraque: choque elétrico, queimadura com ferros quentes, derramamento de ácido sobre a pele, mutilação com furadeiras elétricas, corte da língua e estupro. Se isso não é maldade, a maldade não tem significado (Bush, 2004).

As pressuposições, destacadas no Quadro 10, "um ditador", "depois de provocar duas guerras" e "o arsenal de armas químicas e bacteriológicas do ditador" convergem com a seguinte passagem do discurso de G. W. Bush: "Este ditador que monta as armas mais perigosas do mundo já as utilizou contra cidades inteiras". Do mesmo modo, as pressuposições "numa nação miserável e isolada" e "numa sociedade tribal como a iraquiana" convergem com a passagem: "acabar com as terríveis ameaças contra o mundo civilizado", destacada no exemplo (6).

O discurso de G. W. Bush parece fazer parte da mesma cadeia de textos da produção da reportagem, que dedica suas páginas a narrar atentados de Saddam contra seu povo. Os mesmos crimes apontados por G. W. Bush "choque elétrico, queimadura com ferros quentes, derramamento de ácido sobre a pele, mutilação com furadeiras elétricas, corte da língua e estupro" são encontrados no texto jornalístico e as datas dos dois discursos são próximas: o proferimento foi realizado em 29 de janeiro de 2003 e a reportagem, publicada em 5 de fevereiro do mesmo ano. Ressalta-se que o jornalista não faz referência explícita ao discurso presidencial. Sendo assim, pode haver fechamento da diferença e afinidade com o discurso ideológico do presidente dos EUA.

As diferentes vozes relatadas em um texto podem representar diferentes discursos. As vozes selecionadas e as maneiras como são representadas permitem o mapeamento das representações particulares do evento. Por meio delas é possível refletir sobre a articulação dos momentos das práticas envolvidas numa determinada conjuntura.

Representação de atores sociais: maneiras de designar

Continuando a discussão iniciada na seção "Significado representacional e discurso", capítulo "Linguística Sistêmica Funcional e Análise de Discurso Crítica", a respeito da categoria analítica *representação de atores sociais*, lembremos que as maneiras como atores sociais são representados em textos podem indicar posicionamentos ideológicos em relação a eles e a suas atividades.

Os atores sociais envolvidos em eventos e práticas sociais e as relações estabelecidas entre eles podem ser analisados, em textos e interações, de um ponto de vista representacional, em termos de quais atores são incluídos ou excluídos na representação e a quais atores é dada proeminência, por exemplo. Não se trata de comparar a representação com a verdade a respeito do evento concreto, afinal, a "verdade" não se estabelece independentemente de representações particulares. Trata-se de comparar diferentes representações do mesmo evento ou de eventos semelhantes, na perspectiva de como representam, preferencialmente, certos atores sociais.

Para fins analíticos, foram selecionados alguns dos atores sociais envolvidos no conflito internacional, quais sejam, as classes dirigentes dos EUA e do Iraque, as populações estadunidense e iraquiana, o movimento social islamista, Osama bin Laden, George W. Bush, Saddam Hussein e soldados iraquianos e estadunidenses. Da mesma forma, para fins analíticos, foram selecionadas algumas realizações linguísticas de escolhas representacionais: personalização por nomeação, categorização, generalização, agregação e coletivização, e impersonalização por espacialização, autonomização do enunciado e instrumentalização. Todas essas realizações foram apresentadas no capítulo precedente.

As classes dirigentes e a população dos países em conflito podem ser incluídas ou excluídas por significativas motivações ideológicas, como a estratégia de sustentar os próprios argumentos delegando voz a autoridades ou a civis. A inclusão do movimento islamista pode ser significativa por revelar diferentes classificações e, portanto, diferentes discursos e posicionamentos ideológicos. Uma vez que a invasão ao Iraque foi justificada pela suposta ligação de Saddam com os eventos de 11 de Setembro, é relevante observar se Bin Laden é incluído ou excluído nos textos. A representação dos soldados dos EUA e do Iraque permite avaliar se o enquadramento da reportagem foi humanista ou militar, ou seja, se soldados foram representados como pessoas ou como "bombas", por exemplo. A Tabela 1 – Representação de atores sociais em "O califado do medo" – distribui as ocorrências de escolhas representacionais desses atores:

108 Análise de discurso crítica

| Atores sociais | Personalização ||||||| Impersonalização ||
	Nomeação	Categorização	Generalização	Agregação	Coletivização	Espacialização	Autonomização do enunciado	Instrumentalização
Governo estadunidense (N=10)	1				1	6	2	
Governo iraquiano (N=25)		17	1	2	4		1	
População iraquiana (N=49)	8	11	3	7	20			
População estadunidense (N=1)	1							
Movimento social islamista (N=0)								
Osama bin Laden (N=0)								
George W. Bush (N=0)								
Saddam (N=59)	35	23	1					
Soldados iraquianos (N=6)				3	3			
Soldados estadunidenses (N=1)					1			

Tabela 1. Representação de atores sociais em "O califado do medo" – dados levantados em Barella (2002).

Neste texto em análise, o tema central gira em torno de Saddam (N=59),⁶ que é representado, sobretudo, por meio de nomeação (N=35) e categorização (N=23). Esta última permite avaliar as designações eleitas para representar Saddam e sua equipe governamental, de tal forma que é possível examinar a posição do locutor em relação a esse ator ou a suas atividades. Vejamos os exemplos a seguir:

> (7) <u>O ditador</u> tirou proveito dos doze anos de sanções econômicas internacionais para contrabandear petróleo e ampliar ainda mais sua fortuna (p. 68).
> (8) Para manter essa máquina de horror azeitada, <u>o regime</u> conta com o aparato repressivo mais sofisticado do planeta (p. 70).

A funcionalização dos dois atores é representada pelos substantivos "ditador" e "regime", que conotam autoritarismo e tirania. Se os significados desses termos forem comparados com os significados de outras duas designações possíveis – "presidente" e "gestão" – que, de maneira geral, foram usadas pela grande mídia para designar W. Bush e sua equipe, é possível notar que as primeiras designações legitimam a posição política de George W. Bush, para quem Saddam era um presidente cruel, autoritário e que, por isso, foi destituído.

Nessa reportagem, a população iraquiana é significativamente representada por categorização (N=11) e coletivização (N=20). Esta última realização linguística permite que atores sociais sejam representados por meio da pluralidade. Thompson (1995, pp. 84-5) enquadra esse dispositivo linguístico no modo de operação da *dissimulação por sinédoque*, em que a junção semântica da parte ("alguns iraquianos") e do todo ("os iraquianos" em geral) pode dissimular relações sociais através da confusão ou inversão das relações entre grupos particulares e formações sociais e políticas mais amplas. Sendo assim, o termo "iraquianos" sugere um testemunho consensual de atrocidades atribuídas a Saddam.

Familiares do presidente do Iraque à época também são representados, mas por nomeação, a qual destaca a identidade única do ator. Vejamos o seguinte exemplo:

> (9) De acordo com exilados iraquianos, Udai [filho mais velho de Saddam] costuma torturar pessoalmente os desafetos presos e pede que as sessões sejam gravadas em vídeo para assistir depois. Udai já baleou um tio numa festa de família e espancou até a morte o mordomo do pai (p. 71).

A parcela da população iraquiana que não possui vínculo familiar com o presidente do Iraque parece ser usada no texto como testemunha de supostos crimes, ao passo que o exemplo (9) apresenta um caso em que um iraquiano, familiar de Saddam, não só testemunha crimes mas também os executa, haja vista a carga semântica das formas verbais "torturar", "baleou" e "espancou". Oito ocorrências de nomeação representam familiares de Saddam que também teriam sofrido repressões políticas ou, como Udai, possuiriam as mesmas características "monstruosas" do pai.

Da mesma forma como a seleção de discursos e o trabalho articulatório com eles internaliza traços de lutas hegemônicas, a escolha por representar determinados atores sociais envolvidos no conflito de maneiras particulares também atribui sentidos à representação de aspectos do mundo. O evento é o mesmo somente em essência, porque, à medida que se torna um objeto semiótico, algo sobre o qual se fala, o evento passa a internalizar a articulação das ideologias e interesses particulares em luta hegemônica.

Metáforas: maneiras de identificar(-se)

As metáforas estão infiltradas na nossa vida cotidiana não somente na linguagem mas também no pensamento e na ação (Lakoff e Johnson, 2002, p. 45). Sendo assim, nosso sistema conceptual é metafórico por natureza. Para Fairclough (2001a, p. 241), quando significamos algo por meio de uma metáfora e não de outra estamos construindo nossa realidade de uma maneira e não de outra, o que sugere filiação a uma maneira particular de representar aspectos do mundo e de identificá-lo.

No artigo "Metáforas do terror", Lakoff (2004) sustenta que as imagens sobre os eventos de 11 de Setembro mudaram os cérebros dos norte-americanos. Edifícios teriam sido apresentados como pessoas com olhos, narizes e bocas representados por janelas. Os aviões que atravessaram as torres foram compreendidos como balas que passam por uma cabeça. A queda da torre seria um corpo caindo. A imagem posterior seria o inferno: cinza, fumaça, o esqueleto dos edifícios, escuridão e sofrimento. A queda das torres teria representado o abalo da estrutura da sociedade estadunidense, uma vez que experienciamos a organização social em termos de edifícios quando, por exemplo, dizemos que algo é "o alicerce" ou "a base" da sociedade.

Assim como essas metáforas suscitadas pelas imagens foram capazes de alterar a maneira como muitos viam Nova York e os eventos de 11 de Setembro, as metáforas usadas pela imprensa também ajudaram a constituir uma determinada visão acerca da invasão ao Iraque e dos atores sociais direta ou indiretamente envolvidos. Vejamos os exemplos de (10) a (12):

> (10) A dúvida é como o ditador iraquiano reagirá a uma invasão que tem o objetivo específico de <u>derrubá-lo</u> (p. 73).
> (11) Saddam governa pelo terror, mas vive dominado pelo medo de ser <u>derrubado</u> (p. 72).
> (12) É por isso que Saddam tentou <u>abocanhar</u> novos territórios pelo caminho da força (p. 73).

As metáforas em destaque nos exemplos (10) e (11) organizam conceitos em relação a uma orientação espacial. As formas verbais "derrubá-lo" e "derrubado", que se relacionam com a ideia tão difundida pela grande mídia da "queda de Saddam" (Ramalho, 2005b), organizam o conceito de poder segundo o tipo de metáfora orientacional, apresentado por Lakoff e Johnson (2002, p. 61). Segundo os autores, na cultura ocidental, espacialização para baixo é experienciada em termos do que é mau, ao passo que espacialização para cima é experienciada em termos do que é bom. Sendo assim, as palavras "queda", "derrubar" e cognatas representam Saddam tanto em termos da sujeição à força dos invasores estadunidenses quanto em termos do que é mau.

No exemplo (12), a palavra "abocanhar" identifica Saddam em termos de ações animalescas. Na cultura ocidental, as pessoas se veem como tendo controle sobre os animais, e é a capacidade especificamente humana de atividade racional que coloca os seres humanos acima dos outros animais e lhes propicia esse controle (Lakoff e Johnson, 2002, p. 65). Sendo assim, Saddam é representado em termos de sujeição e de irracionalidade. Dessa forma, a metáfora dissimula relações entre os grupos políticos envolvidos no conflito e, por meio da acentuação de determinadas características que sugerem maldade, insanidade e fragilidade de Saddam, impõe sentidos negativos ao grupo político médio-oriental.

Algumas conclusões sobre a análise

As visões particulares de mundo, internalizadas em gêneros, discursos e estilos, não apenas representam a realidade mas também contribuem para criar a realidade que se noticia. Uma vez que o poder simbólico de constituir o dado pela enunciação, de confirmar ou de transformar a visão do mundo, só se exerce se for ignorado como arbitrário (Bourdieu, 2003, p. 14), a repetição da visão de mundo hegemônica nos discursos midiáticos torna a grande mídia uma instituição potencialmente capaz de garantir a ignorância, bem como a sustentação da criação da realidade à imagem do discurso hegemônico.

A naturalização tanto da representação que privilegia determinados atores e vozes quanto das metáforas que inculcam sentidos negativos ao grupo político médio-oriental possibilita a ação da ideologia por meio da violência simbólica, "do poder de impor – e mesmo de inculcar – instrumentos de conhecimento e de expressão arbitrários, embora ignorados como tais – da realidade social" (Bourdieu, 2003, p. 12).

Entender, por um lado, que a mídia constrói a realidade segundo uma visão particular de mundo submetida, por exemplo, às pressões do mercado e da ideologia dominante e, por outro, entender que há leituras diferentes de um mesmo evento pode ser um princípio para uma leitura crítica, leitura essa que considere tanto a existência de diferentes interesses de grupos sociais em lutas hegemônicas quanto o fato de que o texto da notícia é um produto social que internaliza essas lutas.

O discurso sobre a infância nas ruas na Literatura de Cordel

Esta seção é parte de um projeto mais amplo em que são analisados, da perspectiva dos significados acional, representacional e identificacional, conforme a proposta de Fairclough (2003a), quatro folhetos de cordel sobre a infância em situação de rua no Brasil – *Meninos de rua*, de Mestre Azulão; *Meninos de rua*, de Esmeralda Batista; *Meninos de rua e a Chacina da Candelária*, de Gonçalo Ferreira da Silva e *A discussão de um menino de rua com o Resgate Pró-Criança*, de Vicente Pereira. Aqui nos limitaremos à análise dos três tipos de significado em apenas um folheto, aquele de Mestre Azulão.

Em Resende (2005a), as análises são ampliadas por reflexões acerca da precarização social no contexto do neoliberalismo global, do problema da infância em situação de rua no Brasil, da função do problema na prática, dos obstáculos para a superação do problema, de acordo com a proposta de Chouliaraki e Fairclough (1999). Além disso, desenvolve-se uma discussão acerca da literatura de cordel como gênero e como prática social, com base em entrevistas etnográficas realizadas entre 2002 e 2004. Nesta seção, entretanto, de acordo com o objetivo de ilustração do capítulo, concentramo-nos nas análises linguísticas, tecendo apenas breves considerações acerca da literatura de cordel e do discurso neoliberal.

Começamos por uma contextualização da literatura de cordel, na primeira seção. Em seguida, discutimos o neoliberalismo como discurso a fim de localizar o problema discursivo estudado: os modos por meio dos quais esse discurso se repete e se legitima. Passamos, então, a analisar o folheto *Meninos de rua* da perspectiva de seu significado acional, tendo como categoria analítica a estrutura genérica, o significado representacional, por meio da análise interdiscursiva, e o significado identificacional pela modalidade. Em seguida, tiramos algumas conclusões acerca da internalização do discurso neoliberal no folheto com base na análise apresentada e fizemos uma reflexão sobre a análise.

Literatura de cordel

Alguns estudiosos do cordel falam em sua caducidade e iminente extinção, entretanto o que se observa é que o cordel ainda é amplamente produzido, ainda que sua prática discursiva tenha sido radicalmente transformada. Hoje se compreende a necessidade de se contemplar o gênero sob uma perspectiva histórica e cultural e, sob essa perspectiva, vinculada à situação social, é inegável a transformação pela qual passou o gênero. Essa transformação é consequência de mudanças culturais e sociais operadas em sua região de origem (Resende, 2005b).

Os gêneros mudam a partir das modificações da situação social na qual exercem sua função, e as transformações ostensivas que se operam nos gêneros preexistentes ocasionam o surgimento de novos gêneros. Daí a necessidade de se fazer a distinção entre o cordel tradicional e o cordel contemporâneo: diferem em sua função social, em seus participantes, em suas práticas discursiva e social. Considerando que o cordel tradicional firmou-se em uma situação social na qual era importante fonte de informação, cultura e lazer em um meio específico – o Nordeste brasileiro – e ligado às peculiaridades da cultura local, é natural que tenha sofrido alterações, uma vez que esse meio já não existe com as características que tinha. Se a prática discursiva mudou, também a temática é outra: hoje predominam os folhetos noticiosos e de crítica social.

As amplas transformações sociais de que o século XX foi testemunha acarretaram mudanças também amplas nas práticas discursiva e social do cordel. A prática discursiva envolve os processos de produção, distribuição e consumo de textos, processos sociais relacionados a ambientes econômicos, políticos e institucionais particulares, sendo a natureza da prática discursiva variável entre os diferentes tipos de discurso, de acordo com fatores sociais envolvidos (Fairclough, 2001b). No período tradicional, o cordel era consumido, principalmente, pela população do interior do Nordeste e cumpria papel de informação e lazer coletivo. Os folhetos eram importante fonte de divulgação de fatos quando jornal era raro no Nordeste brasileiro, e a leitura do cordel constituía também um momento de lazer coletivo, de socialização (Galvão, 2001, p. 181).

A partir dos anos de 1950, a migração de populações nordestinas ao Centro-Sul do país fez migrar também a literatura de cordel. Os cordelistas entrevistados por Assis Ângelo (1996, p. 76) justificam a migração pelas condições de venda de folhetos: "tanto no Rio como em São Paulo é muito mais fácil ganhar dinheiro do que no Nordeste". Na década de 1960, o cordel passou por uma grande crise, voltando a ser centro de interesse a partir dos anos de 1970 – porém, já com outra importante modificação em sua prática discursiva: o público consumidor. Tornou-se interesse de turistas e pesquisadores brasileiros e estrangeiros. Além dos consumidores, também os próprios poetas cordelistas já não são os mesmos. Márcia Abreu (1999, p. 93) registra que a maioria dos poetas das três primeiras décadas do século XX nasceram na zona rural, eram filhos de pequenos proprietários ou de trabalhadores assalariados e tiveram pouca ou nenhuma instrução formal. Os cordelistas contemporâneos, assim como os consumidores, têm maior acesso à cultura letrada.

As transformações da prática discursiva refletem transformações da prática social, uma vez que aquela é mediadora entre esta e o texto (Fairclough, 2001a). O cordel contemporâneo, inserido no contexto da modernidade tardia (Giddens, 2002), deslocado de sua prática original e recontextualizado em práticas diversas, reflete peculiaridades de seu tempo histórico (Resende, 2005c). É assim que, por exemplo, o discurso neoliberal é recontextualizado no folheto em análise.

Neoliberalismo como discurso

No contexto do novo capitalismo, a importância do discurso para a obtenção do consenso é redobrada, com destaque para o discurso neoliberal, que classifica as reestruturações recentes do capitalismo como evolução "natural", isenta da ação humana e inescapável. A mudança é nominalizada sob o título de "globalização", representada como uma entidade dotada de ação, um fenômeno (e não um processo) universal e inevitável (Fairclough, 2003a). Para Fairclough, as aspirações hegemônicas do neoliberalismo são, em parte, uma questão de universalização dessa perspectiva particular, ou seja, desse discurso particular a respeito do novo capitalismo. O sucesso dessa representação pode ser medido em termos de sua repetibilidade, isto é, do quanto circula em variados tipos de texto.

Bourdieu (1998, p. 42) também capta a importância da circulação desse discurso no estabelecimento e manutenção da hegemonia neoliberal. Para ele, "a força desse discurso dominante" reside no que "se ouve dizer por toda parte, o dia inteiro". A visão neoliberal, que "se apresenta como evidente, como desprovida de alternativa", produz uma verdadeira crença, uma "impregnação", posto que é muitas vezes repetida e, assim, tomada como tácita. Desse modo, o discurso fatalista que transforma tendências econômicas em fatalidade adquire o *status* de consenso, passa a ser compartilhado. E a crença no fatalismo gera submissão, uma vez que se crê que não haja alternativas.

Embora o projeto neoliberal seja uma "revolução conservadora", uma involução – no sentido de que retrocede tanto nas relações trabalhistas, visto que os direitos adquiridos pelos trabalhadores lhes são retirados, quanto na função do Estado, que involui em termos de sua intervenção na distribuição de serviços –, por meio de um discurso travestido de modernidade consegue se fazer passar por revolucionário e progressista. E embora tal projeto seja o resultado de articulações políticas que servem a interesses particulares, por meio de um discurso fatalista consegue se fazer passar por fenômeno natural, isento de agência e de responsabilidade humanas.

Esse discurso fatalista, segundo Bourdieu (1998, pp. 75-7), consiste em "transformar tendências econômicas em destino", de modo a inculcar "toda uma filosofia, toda uma visão de mundo, que gera o fatalismo e a submissão". Representando as transformações do capitalismo global como uma fatalidade regida por "leis econômicas" inescapáveis, o discurso neoliberal dissemina a crença de que não haveria alternativas a esse modelo de produção, conquista o consenso e a submissão, e naturaliza a pobreza e a injustiça social – tanto no interior de um país quanto entre países e regiões do mundo.

Com a "bandeira do progresso", o discurso neoliberal da globalização vende a ideia da modernidade, tachando de arcaísmo toda alternativa à ideologia do *laissez-faire*. Nesse sentido, Bourdieu (1998, p. 48) classifica esse discurso como uma "ideia-força", dotada de força social uma vez que é capaz de "realizar a crença". Por isso o discurso é considerado "a principal arma de luta" dessa ideologia conservadora travestida de liberdade, porque é utilizado para "justificar a restauração" e conquistar o consenso. Pierre Bourdieu (1997, p. 216) utiliza a expressão "demissão do Estado" ao afirmar que a conversão coletiva à visão neoliberal foi acompanhada pela demolição da ideia de serviço público. Como parte dos "ajustes" neoliberais, os países periféricos foram obrigados a reduzir seus "gastos" sociais em favor da lógica econômica, e os serviços básicos, conquistados como direito do(a) cidadão(ã), voltaram ao mercado.

Assim, malgrado o atual estágio do capitalismo planetário ser resultado de escolhas políticas e econômicas determinadas por um modo de produção histórico, a globalização é apresentada como inexorável. Conforme aponta Cevasco (2001, p. 15), "não parece haver vida fora do consumo conspícuo para uns e necessidades negadas para todos os outros". O resultado dessa representação parcial é uma naturalização da injustiça social em escala global, que passa a ser vista como etapa transitória e necessária rumo ao "desenvolvimento". Nos termos de Thompson (1995, p. 83), com essa "dissimulação", dissemina-se a crença de que a "modernidade", entendida como desenvolvimento econômico, poderia se estender a todo o planeta.

Nesse sentido, Jameson (2001, p. 33) argumenta que a palavra "modernidade" é suspeita porque é utilizada em diversos domínios em substituição a "capitalismo global" e, desse modo, encobre o fato de que "o capitalismo em si mesmo não tem nenhum objetivo social". E Jameson (idem, ibidem) completa: "Sair usando a palavra 'modernidade' a torto e a direito, em vez de capitalismo, permite que políticos, governos e cientistas políticos finjam que o capitalismo tem um objetivo social e que disfarcem o fato terrível de que não tem nenhum". O capitalismo neoliberal, longe de ser um projeto de globalização do "progresso", é, nas palavras de Hobsbawn (1995, p. 399), "um egoísmo associal, na verdade antissocial".

Apesar do discurso progressista, a modernidade, assim compreendida, não nos trouxe avanços que possam ser comparáveis à "superposição perversa de antigas situações de desigualdade e miséria com uma 'nova pobreza' causada pelo aumento maciço e inusitado do desemprego e pela generalização de situações de precariedade" (Soares, 2003, pp. 24-5). Nesse contexto, Buarque (2001, 2003) propõe o conceito de "apartação" para abordar o desenvolvimento separado da sociedade, dividido entre seus segmentos incluídos e excluídos. Buarque (2003, p. 34) esclarece que "o centro do conceito de apartação está em que o desenvolvimento brasileiro não provoca apenas desigualdade social, mas uma separação entre grupos sociais". Nesse sentido, o autor propõe um *continuum* entre os conceitos de desigualdade, diferença e dessemelhança. Em um caso de desigualdade, as classes sociais, embora desiguais, convivem em uma relação de necessidade mútua, e todas têm acesso aos bens essenciais como alimentação, saúde, educação. O que as torna desiguais é o acesso ao consumo de bens e serviços supérfluos. Nesse sentido, a desigualdade social constitui a distinção entre pessoas do mesmo lado da fronteira social. A diferença, por outro lado, refere-se à distinção entre os lados dessa fronteira.

Análise discursiva crítica do folheto de cordel Meninos de rua

O folheto *Meninos de rua* é composto de 32 estrofes, dispostas em oito páginas, escritas em septilhas com versos setessilábicos, com padrão de rima ABCBDDB. A capa do folheto é ilustrada com um desenho de Erivaldo, em que se veem três crianças sem camisa, em uma esquina, abordando um homem que parece desconfiado e que segura sua carteira embaixo do braço, enquanto uma mulher carregando um cesto observa a cena. A primeira edição do folheto *Meninos de rua* foi feita em janeiro de 1993, no Rio de Janeiro, com apoio da Prefeitura do Município de Japeri, de acordo com os agradecimentos constantes da quarta capa. A segunda edição, cujo ano de produção não nos foi informado, também já se encontra esgotada.

O autor do folheto é Mestre Azulão, autor de 300 títulos de cordel, importante cordelista e cantador radicado no Rio de Janeiro desde 1949, quando migrou da Paraíba aos 17 anos de idade. Azulão é um dos cordelistas homenageados por Sebastião Nunes Batista (1977) em sua *Antologia da literatura de cordel*. Em 1975 gravou, para a Campanha de Defesa do Folclore Brasileiro, o disco *Literatura de Cordel*.

Além de cordelista e cantador, o autor é diretor de cultura do município de Japeri, conforme nos informou em entrevista realizada na Feira de São Cristóvão, no Rio de Janeiro, em agosto de 2004. Costuma, ainda, proferir palestras, em universidades, a respeito de cordel e repente. É um cordelista e repentista reconhecido, tanto que já esteve na França, em Portugal e nos Estados Unidos a fim de divulgar sua arte. E, modesto, quando fala sobre isso se apressa em acrescentar: "mas sou um poeta popular, não sou mais que ninguém. Sou um poeta do povo que é povo. Sou pobre". Na breve entrevista que nos concedeu, Azulão afirmou que sua motivação para escrever o folheto foi "a convivência com tudo o que está aí".

Significado acional: estrutura genérica

Na pesquisa de que esta análise é um recorte, o significado acional no folheto foi investigado por meio das categorias estrutura genérica e intertextualidade (Resende, 2005a). Aqui, limitamo-nos ao estudo da estrutura genérica do texto. O objetivo é ilustrar a abordagem teórica discutida no capítulo anterior. Os conceitos e categorias relacionados à estrutura genérica são retomados de modo prático; consulte a seção "Significado acional e gênero" para uma discussão teórica.

O folheto *Meninos de rua* "pertence" ao gênero situado "cordel", um gênero relativamente estável, com características composicionais definidas e padrões relativamente rígidos de métrica e rima. O gênero cordel, inserido na ordem do discurso da "literatura popular", relaciona-se a práticas sociais específicas com articulações estáveis, por isso trata-se de um gênero situado com grau de estabilização relativamente alto.

A argumentação constitui o principal pré-gênero da composição do texto, porque Mestre Azulão não se furta a argumentar sobre a situação das crianças, sem lançar mão de uma estrutura narrativa. Embora Mestre Azulão enumere certas atividades atribuídas às crianças, tal não é feito em forma de narrativa – no folheto não há um evento narrado, mas uma abstração, altamente generalizada, de séries de eventos. A argumentação, então, constrói-se sobre uma abstração de séries de eventos generalizados. A maior parte desses eventos é atualizada com verbos no presente do indicativo ou no gerúndio, o que tem efeito na generalização.

Fairclough (2003a) diferencia dois tipos de lógica – a de aparências e a explanatória – no sentido de que a primeira apenas lista determinadas "aparências" relacionadas a atividades, sem referência às práticas e às estruturas determinantes dessas atividades, e a segunda inclui uma elaboração das relações causais entre eventos, práticas e estruturas. No folheto predomina a lógica explanatória, uma vez que Azulão, repetidas vezes, destaca relações causais entre práticas e as atividades generalizadas no folheto. Observemos os exemplos (1) e (2):[7]

(1) Quem são meninos de rua
    Que vagam pela cidade?
    São as crianças jogadas
    Sobre a infelicidade
    Que se tornarão legítimas
    E infortunadas vítimas
    Da cruel sociedade (/02/)
(2) São frutos indesejáveis
    Que os seus pais enjeitaram
    E as mães prostituídas
    Nos hospitais lhes deixaram
    Ou pobres maternidades
    Depois as autoridades
    Também lhes abandonaram (/04/)

No exemplo (1), é de se notar que o autor capta uma relação causal entre a ordem social estabelecida ("cruel sociedade") e a condição de crianças em situação de rua ("infortunadas vítimas"). No exemplo (2), a situação de rua entre crianças é atribuída ao abandono, primeiro, pela família e, depois, pelas "autoridades". Embora Mestre Azulão recorra ao senso comum questionável de que haveria uma homogeneidade de determinantes da situação de rua entre crianças e de que crianças nessa situação seriam, via de regra, destituídas de laços familiares (ao contrário do que constatam pesquisas empíricas acerca do problema; ver, por exemplo, Araújo, 2003), no folheto predomina a lógica explanatória.

Há instâncias de aconselhamento que podem ser consideradas como subgênero no texto. O aconselhamento é dirigido ao poder público, referido como "autoridades". Na estrofe /21/, Azulão introduz o aconselhamento "eu digo às autoridades/ tomem sérias providências". Depois, entre as estrofes /23/ e /29/, o autor desenvolve o aconselhamento, explicando o procedimento que, segundo ele, as "autoridades" deveriam adotar: a implantação de colônias agrícolas.

Da perspectiva do modo como figura na ação, o folheto sugere uma alternativa para a solução do problema: a implantação de colônias agrícolas para abrigo e educação de crianças em situação de rua. O autor defende a ideia de que a transferência das crianças para o campo e sua dedicação à agricultura seria uma solução adequada ao problema. Transcrevemos abaixo, no exemplo (3), as estrofes /23/ e /29/:

> (3) O Brasil tem muito espaço
> De terra pra se plantar
> É fazer colônia agrícola
> Com máquinas pra cultivar
> É pegar esses meninos
> E dar-lhes todos ensinos

> No campo pra trabalhar. (/23/)
> Assim o governo acaba
> Com esta terrível imagem
> Tirando das nossas ruas
> Os filhos da malandragem
> Que usam arma e sacola
> Para dar-lhes uma escola
> De arte e aprendizagem (/29/)

No exemplo anterior, fica clara a perspectiva parcial acerca da questão: o problema, para Azulão, não é a injustiça que permite que crianças tenham de se submeter à vida nas ruas, mas a "terrível imagem" que daí decorre, em uma operação de dissimulação por eufemização, ofuscando relações de dominação (Thompson, 1995). A solução, nesse sentido, não seria corrigir as distorções éticas e políticas, mas "pegar esses meninos", os "filhos da malandragem", e impor-lhes um deslocamento para o campo, livrando "nossas ruas" de sua presença! Aí está clara a fragmentação por expurgo do outro, uma vez que as crianças são representadas como um inimigo que deve ser combatido (Thompson, 1995).

Por ocasião da entrevista que foi realizada com o cordelista no Rio de Janeiro, Azulão fez referência à solução por ele aventada para o problema. Quando lhe foi perguntado a respeito dessa solução, Azulão respondeu o seguinte:

> É porque não é a agricultura, o trabalho da agricultura – sabendo trabalhar – que vai matar ninguém. Do contrário, educa. O homem do campo é educado. Porque sabe lidar com a terra e

> sabe tirar dela o pão de cada um e para os outros que não trabalham. <u>Então [quando se diz] 'Ah, porque a criança não pode trabalhar', pode!</u> Eu quando estava com sete anos idade já comecei a trabalhar. E, graças a Deus, sou um homem e meus irmãos todos também seguiram o mesmo caminho. E não só os meus irmãos não, mas todas as famílias daquele tempo. Eles criaram trabalhando, indo à escola uma parte e a outra arranjavam trabalho. <u>E são homens de respeito, de moral, de vergonha, não roubam ninguém porque sabem ganhar o pão de cada dia.</u> E hoje, que as escolas, que eles não estão querendo que esses <u>moleques safados</u> trabalhem para poder... a mente desocupada é tenda do diabo. <u>Não é só adulto não, da criança também: a mente desocupada é a tenda do diabo.</u>

Embora Azulão se mostre consciente da responsabilidade do Estado na resolução do problema, sua percepção de solução, em termos da implantação de colônias agrícolas, é questionável. Primeiro, porque representa as crianças como destituídas tanto de família quanto de liberdade, podendo ser simplesmente transferidas para o campo, independentemente de sua vontade. Segundo, porque não capta a profundidade do problema da diferença social e da distribuição desigual de recursos, as quais não são questionadas no texto. Trata-se de uma solução superficial para o problema e, o que é mais grave, trata-se de uma proposta que não demonstra respeito pelas crianças como sujeitos, tratando-as, antes, como marginais passíveis de serem ainda mais apartadas do conjunto da sociedade.

Significado representacional: interdiscursividade

Na pesquisa de que se origina esta análise, as categorias do significado representacional analisadas no folheto foram a interdiscursividade e o significado que a expressão "meninos de rua" assume no texto (Resende, 2005a). Dentro dos limites deste livro, é analisada apenas a interdiscursividade. Novamente lembramos que o objetivo é ilustrar a abordagem teórica e que a discussão dos conceitos implicados na análise interdiscursiva encontra-se no capítulo anterior (veja a seção "Significado representacional e discurso").

O folheto *Meninos de rua* articula cinco discursos, os quais foram denominados de discurso religioso cristão, discurso do abandono, discurso da marginalidade, discurso da esfera pública e discurso neoliberal. O discurso religioso é articulado em apenas uma estrofe, a primeira, com efeito de legitimação da preocupação expressa no folheto – com a infância em situação de rua – por meio da fé cristã. Transcrevemos abaixo, no exemplo (4), a primeira estrofe do folheto.

(4) <u>Jesus Cristo disse um dia</u>
    Entre os filhos dos judeus
    <u>Vinde a mim as criancinhas</u>
    Porque nos futuros seus
    Estão nossas esperanças
    E mesmo entre as crianças
    Está o <u>reino de Deus</u>. (/01/)

Embora Azulão inicie seu poema com a articulação desse discurso, registre-se que há uma relação de conflito entre o discurso cristão – que prega a tolerância – e o restante do folheto. Nesse sentido, é possível afirmar que o discurso religioso está em relação de conflito, sobretudo, com o discurso da marginalidade.

O segundo discurso articulado na amostra é o discurso do abandono, atualizado nas estrofes /2-5/, /10-12/ e /14/. A situação das crianças é representada como consequência do abandono, primeiro, dos pais, depois, das "autoridades". Observemos o exemplo (5):

> (5) São frutos indesejáveis
> Que os seus pais enjeitaram
> E as mães prostituídas
> Nos hospitais lhes deixaram
> Ou pobres maternidades
> Depois as autoridades
> <u>Também lhes abandonaram</u> (/04/)

Note-se que a articulação do discurso do abandono, embora naturalize a homogeneidade dos determinantes da situação de rua entre crianças, é crítica no sentido de que se percebe na "demissão do Estado" se não a origem do problema ao menos seu agravamento. A solução para o problema, como procuramos demonstrar na seção anterior, também é vista como responsabilidade do poder público. Entretanto, a articulação desse discurso do abandono também dissimula as causas da situação de rua entre crianças, o que pode ser observado na estrofe /14/, transcrita abaixo.

> (6) Aqueles que têm pais vivos
> Não têm apoio dos pais
> Porque são frutos das transas

> De quengas com marginais
> Por isso as pobres crianças
> Receberam como herança
> <u>As ruas e nada mais</u> (/14/)

Quando Azulão assume, nessa estrofe de seu folheto, que as crianças não têm "apoio dos pais", porque são "frutos" de relações desequilibradas ou passageiras, tendo sido abandonadas, e que "por isso" estão nas ruas, dissimula outras questões mais complexas que estão por trás da situação de rua entre crianças. Nesse sentido, essas duas relações causais explicitamente marcadas ("porque" e "por isso") dissimulam por eufemização as causas estruturais do problema, nos termos de Thompson (1995), visto que não captam a relevância da exclusão socioeconômica das famílias na produção do problema.

Na estrofe seguinte, contudo, Azulão faz referência à situação de rua entre crianças que mantêm vínculos familiares. No caso específico dessas crianças, o autor capta a precariedade social como causa do problema. Transcrevemos abaixo, no exemplo (7), as estrofes /15/ e /16/, em que se nota a pobreza das famílias sendo representada como fator determinante da situação de rua entre crianças que mantêm vínculos com suas famílias.

> (7) <u>Outros sofrem as consequências</u>
> <u>Dos seus pais desempregados</u>
> Vão pedir roupa e comida
> Depois ficam viciados
> Trazendo até para os pais
> Roupas que não querem mais

E objetos roubados (/15/)
Os pais recebem com gosto
E a marcha continua
Nem querem saber se os filhos
Roubaram coisas na rua
Ninguém reclama nem briga
Querem é encher a barriga
<u>E cobrir a pele nua</u> (/16/)

 Na estrofe /15/, fica claro que Azulão atribui a situação de rua entre essas crianças ao desemprego de seus pais ("Outros sofrem as consequências/Dos seus pais desempregados"), ou seja, a sua exclusão do mercado de trabalho. A estrofe /16/ completa esse sentido, uma vez que a aceitação da mendicância e do crime, por parte das famílias das crianças, é representada como consequência da carência de necessidades básicas ("querem é encher barriga/E cobrir a pele nua").

 Nessa estrofe /16/ há um ponto de tangência entre os discursos do abandono e da marginalidade, uma vez que a marginalidade é representada como decorrência do abandono. O discurso da marginalidade, saliente na amostra, figura nas estrofes /06-09/, /11/, /15-20/. Há dois pontos de ênfase à marginalidade de crianças no texto: nas estrofes de /06/ a /09/ e nas estrofes /11/, /15/ e /16/, o foco é o cometimento de delitos – roubos e arrastões –, com uma referência ao uso de drogas na estrofe /07/ ("Usando maconha e fumo/E cola de sapateiro"). No entanto, esse foco se desloca para a participação de crianças no tráfico de drogas nas estrofes de /17/ a /19/. A seguir transcrevemos, no exemplo (8), a estrofe /08/ que serve de ilustração ao primeiro enfoque da marginalidade entre crianças em situação de rua.

(8) Ocupam becos e praças
E canteiros da cidade
Onde atacam suas vítimas
Que passam sem ter maldade
Eles roubam de surpresa
Mulher grávida e indefesa
E pessoas de idade. (/08/)

Nota-se que, nesse exemplo, Azulão não apenas atribui às crianças o *status* de marginais como também as representa como "covardes", uma vez que o autor enfatiza a fragilidade de suas "vítimas" ("Mulher grávida e indefesa/E pessoas de idade"). Esse discurso entra em conflito com o discurso do abandono, visto que neste último as crianças são as vítimas ("legítimas [...] vítimas/Da cruel sociedade", estrofe /02/), mas no discurso da marginalidade passam a ser os algozes. O conflito entre os dois discursos fica patente na estrofe /11/, transcrita abaixo:

(9) É doloroso assistir
Estes marginais mirins,
Que eles não são culpados
De se tornarem ruins,
Nestas cenas degradantes
Das portas dos restaurantes
Mercados e botequins (/11/)

A pressuposição ("eles não são culpados/De se tornarem ruins") marca a representação das crianças como "ruins", em uma uniformização de que se pode depreender que todas as crianças em situação de rua se tornam "ruins", embora não tenham "culpa" disso. Nesse ponto, novamente, tangem-se os discursos do abandono e da marginalidade em uma oposição contraditória: no primeiro, as crianças são representadas como vítimas ("não têm culpa"), mas, no segundo, elas fazem vítimas ("marginais mirins").

O segundo ponto de ênfase à marginalidade no texto de Azulão – que se refere ao envolvimento de crianças no tráfico de drogas – é articulado em três estrofes, de /17/ a /19/. Azulão capta, na estrofe transcrita a seguir no exemplo (10), a relação entre grupos de extermínio e o tráfico de drogas (Resende, 2004).

>   (10) Assim todos serão vítimas
>   Do cruel raciocínio
>   Desses agentes do tóxico
>   Que os têm em seu domínio
>   Os que dão passos errados
>   Serão logo executados
>   <u>Por grupos de extermínio</u> (/19/)

O próximo discurso articulado no folheto é o que chamamos de *discurso da esfera pública*. Considerando que o conceito de "esfera pública" remete à deliberação de indivíduos, como cidadãos, sobre questões sociais e políticas (Chouliaraki e Fairclough, 1999; Habermas, 2003), foram classificados como atualização do discurso da esfera pública os trechos em que Azulão clama por providências, da parte do governo, e que delibera propondo alternativas. Esse discurso permeia as estrofes finais do poema (/21-32/). Azulão atribui ao Estado, ao menos parcialmente, a responsabilidade pelas "calamidades" e lhe atribui também o dever de solucioná-las. Observemos as estrofes do exemplo (11):

(11) A sorte desses menores
Parte dessas consequências
O abandono dos pais
A falta de assistências
A essas calamidades
Eu digo às autoridades
<u>Tomem sérias providências</u> (/21/)
O governo brasileiro
Tem tudo para fazer
Em prol dos abandonados
<u>Depende só de querer</u>
Se puser em prática esses planos
Até antes de dois anos
Pode tudo resolver (/22/)

Essas duas estrofes, em sequência no folheto, ilustram a representação do problema e de sua solução. Enquanto as famílias compartilham com o Estado a responsabilidade pela situação, de acordo com o discurso do abandono, a solução do problema é atribuída exclusivamente ao Estado. Na estrofe /22/, o autor critica a "falta de vontade" do poder público em encontrar soluções ("depende só de querer").

Ainda como parte do discurso da esfera pública, Azulão dedica as estrofes de /23/ a /29/ a explicar sua proposta de solução, a implantação de colônias agrícolas, como foi discutido na seção anterior. Destaca-se a estrofe /27/, transcrita a seguir.

(12) <u>Lá não pode haver tortura</u>
Com castigo nem prisão
Terá que ter bom ensino
Carinho e educação

> Onde há ordem e respeito
> Não gera mágoa no peito
> Nem ódio no coração (/27/)

Considerando que o que é dito em um texto é dito em oposição ao que não é dito, mas tomado como dado (Fairclough, 2003a), pode-se inferir nessa estrofe uma crítica velada aos órgãos de reclusão de menores infratores: "Lá não pode haver tortura/Com castigo nem prisão". A crítica torna-se mais clara na estrofe seguinte, em que se lê "Assim não será preciso/De <u>Funabens</u> nem juízes".

Ao final do folheto, ainda como parte do discurso da esfera pública, Azulão articula o discurso neoliberal nas estrofes de /30/ a /32/. A articulação serve ao propósito de criticar a visão neoliberal de Estado, em que o político e o social se dissociam. Essa crítica pode ser ilustrada com o exemplo (13):

> (13) <u>Os governos estão voltados</u>
> Para dívidas e inflação
> Cargos, partidos políticos
> Plebiscito e eleição
> Ninguém se confraterniza
> Com o povão que precisa
> <u>Emprego, morada e pão</u> (/30/)

No exemplo (13), pode-se notar que o autor capta a separação entre o político ("dívidas e inflação/Cargos partidos políticos/Plebiscito e eleição"), que chega a ser referido como "politicagem" na estrofe /31/, e o social ("Emprego, morada e pão"). Capta igualmente a supremacia do econômico ("dívidas e inflação") sobre o social, este relegado a segundo plano na lógica da demissão do Estado. A denúncia do autor à demissão do Estado prolonga-se pelas duas últimas estrofes do folheto. Na estrofe /31/, Azulão declara que "O sofrimento do povo/É coisa muito mais séria/Do que a politicagem", e na estrofe final do folheto lê-se:[8]

> (14) Mudança e transformação
> A política há de fazer
> Zelar pelos que padecem
> Único meio de socorrer
> Levando a sério o efeito
> Assim dará mais direito
> <u>O pobre sobreviver.</u> (/32/)

Nessa última estrofe de seu texto, o cordelista deixa claro que a única maneira de reverter a precariedade instaurada é a retomada do Estado de suas funções redistributivas: "Zelar pelos que padecem/Único meio de socorrer". Por fim, desfere uma última crítica, sugerindo que o poder público não tem levado a sério essas funções, quando afirma "Levando a sério o efeito/Assim dará mais direito/O pobre sobreviver".

Significado identificacional: modalidade

Com base na discussão acerca da modalidade na seção "Significado identificacional e estilo", do capítulo "Linguística Sistêmica Funcional e Análise de Discurso Crítica" passaremos agora à análise do significado identificacional no folheto *Meninos de rua*, analisando o comprometimento do autor com as afirmações, perguntas, demandas e ofertas presentes no texto. Da perspectiva identificacional, foi avaliado no folheto o modo como seu autor identifica-se nos textos. Na pesquisa de que esta análise é um recorte, analisa-se também a categoria da avaliação, o que permite tirar conclusões também acerca do modo como outros atores sociais representados são identificados (Resende, 2005a). Aqui, entretanto, limitamo-nos à análise da modalização.

No folheto de Mestre Azulão, são raras as trocas de atividade explícitas. As trocas de conhecimento são mais frequentes, sobretudo as afirmações. As afirmações são categóricas, não havendo instâncias de outros tipos de modalidade. Isso indica uma alta afinidade do autor com as proposições, que são tacitamente tomadas como verdadeiras.

Há apenas uma pergunta no texto. É uma pergunta retórica na segunda estrofe do folheto. Azulão apresenta a questão que responderá no desenvolvimento do poema: "Quem são os meninos de rua/Que vagam pela cidade?".[9]

Embora só haja uma troca de atividade explícita no folheto, uma demanda dirigida às "autoridades", com modalização categórica e alta afinidade pela identificação do autor por meio do pronome de primeira pessoa do singular ("Eu digo às autoridades/ Tomem sérias providências"),[10] há algumas afirmações com valor de demanda. São trocas de conhecimento aparentes, mas que são, também, trocas de atividade. Esses casos referem-se à proposta de implantação de colônias agrícolas. Vejamos os versos em destaque no exemplo (15), a seguir:

> (15) É fazer colônia agrícola/.../É pegar esses meninos/ E dar-lhes todos os ensinos (/23/)[11]
> E construir nas colônias/Escolas e oficinas (/24/)

Embora sejam realizadas em forma de afirmações, é clara a função de demanda que assumem essas proposições. Azulão explicita o que, em sua opinião, o "governo brasileiro" deveria fazer para resolver o problema da infância em situação de rua. A atualização das demandas como afirmações é uma estratégia retórica que aproxima a proposta da realidade, uma vez que faz o projeto parecer exequível e simples: "Se puser em prática esses planos/Antes mesmo de dois anos/Pode tudo resolver".

É nas instâncias em que a troca de atividade aparece travestida de troca de conhecimento que as operações de modalização são mais aparentes no texto, como ilustram os versos a seguir:

> (16) O governo brasileiro/.../ <u>Se puser em prática esses planos</u>/.../ <u>Pode</u> tudo resolver (/22/)[12]
> <u>Lá não pode</u> haver tortura / Com castigo nem prisão (/27/)[13]
> <u>Terá que ter</u> bom ensino/ Carinho e educação (/27/)
> Mudança e transformação/ A política <u>há de fazer</u> (/32/)[14]

Na estrofe /22/, a modalização indica possibilidade ("Pode tudo resolver"), e na estrofe /27/, impossibilidade ("Lá não pode haver tortura"). Mas é nos dois últimos versos destacados anteriormente que a utilização da afirmação com valor de demanda fica evidente: embora a realização da demanda seja uma afirmação, a modalidade é deôntica, uma vez que evidencia obrigatoriedade e necessidade ("Terá que ter" e "há de fazer").

Considerando a falta de clareza entre afirmação e demanda no folheto de Azulão, é possível afirmar que o texto constitui uma "mensagem promocional". Fairclough (2003a), apoiando-se em Wernick, explica que mensagens promocionais são aquelas que simultaneamente representam, advogam e antecipam aquilo a que se referem.[15] Nesse sentido, Azulão representa uma solução para o problema, advoga em favor de sua proposta e antecipa os resultados esperados com a implantação dessa solução. É assim que, no folheto, além da ambiguidade entre demanda e afirmação, não há clareza na distinção entre afirmações de fato e previsões do futuro, como os versos a seguir ilustram.

> (17) Ali dentro <u>eles aprendem</u>/ Os modos do bom viver (/25/)
> Assim <u>o governo acaba</u>/ Com essa terrível imagem (/29/)[16]

Nota-se que o cordelista, em sua previsão do funcionamento das colônias agrícolas (estrofe /25/) e de seus resultados (estrofe /29/), utiliza verbos no presente do indicativo, o que tem efeito na atualização dessas previsões como afirmações de fato. Assim como as demandas atualizadas como afirmações, as previsões do futuro atualizadas como afirmações de fato têm o efeito de retratar estados futuros e imaginados como se existissem no momento presente, aproximando a proposta do autor da realidade.

A análise da modalidade no folheto aponta uma alta densidade de modalidades categóricas, o que evidencia um alto grau de comprometimento do autor com suas proposições. Entretanto, as modalidades são predominantemente objetivas, ou seja, na maior parte das vezes o cordelista não explicita a base subjetiva de seu comprometimento. O efeito disso é uma universalização de sua perspectiva, que é tomada tacitamente como verdadeira, uma vez que o cordelista não marca sua perspectiva acerca do problema como uma perspectiva particular. Nesse sentido, o estilo de Azulão no texto tende à impessoalidade.

Algumas conclusões sobre a análise

Além das considerações finais a respeito desta análise, dedicamo-nos, aqui, à reflexão acerca do trabalho, visto que toda pesquisa social crítica deve ser reflexiva também a respeito de sua própria prática. Nesse sentido, uma parte de qualquer análise em ADC é a reflexão da posição de que é feita.

O engajamento pessoal do(a) pesquisador(a) com o problema pesquisado não implica uma parcialidade negativa, contanto que especifique sua perspectiva de análise e não simule uma suposta "imparcialidade científica" (Chouliaraki e Fairclough, 1999). A neutralidade não é um mito na ADC. Ao contrário de outros(as) pesquisadores(as), que se esforçam no sentido de uma neutralidade intangível, para os(as) analistas de discurso esse não é um problema. Admitimos que a suposição de neutralidade em ciência não é senão um posicionamento ideológico e, assim sendo, não nos pretendemos neutros – sabemos que não podemos sê-lo e, mais que isso, *não queremos* sê-lo.

Devemos registrar, então, que este trabalho é posicionado. O posicionamento começa pela determinação da teoria e do método, passando pelos recortes feitos nesse arcabouço provido pela ciência. Continua na escolha do objeto de pesquisa e na seleção do *corpus*. É marcante na opção pelo problema estudado na literatura de cordel – o discurso acerca da infância em situação de rua – e na abordagem desse problema. A análise aqui apresentada e a pesquisa de modo geral são o resultado de posicionamentos, de escolhas particulares.

Assim como o conhecimento social é inevitavelmente parcial, a análise textual é inevitavelmente seletiva, no sentido de que escolhemos responder determinadas questões sobre eventos sociais e textos neles envolvidos e com isso abrimos mão de outras questões possíveis. Como Fairclough (2003a) registra, não existe análise objetiva de textos, uma vez que não é possível descrever o que se representa em um texto sem que a subjetividade do(a) analista participe da análise – ora, a escolha das questões a serem respondidas denuncia necessariamente as motivações particulares da análise, visto que delas derivam.

As motivações para a realização da pesquisa de que a análise ora apresentada é parte são o encantamento pela literatura de cordel e a indignação contra a diferença social, agravada pela lógica cruel do capitalismo global e pela aceitação de uma sociedade apartada. Se o interesse pelo cordel levou-nos a perceber que na produção contemporânea dessa literatura os temas românticos e fantasiosos dão lugar à abordagem frequente de questões sociais e políticas da atualidade, a indignação genuína contra a injustiça levou-nos ao interesse na investigação de como o cordel atualiza essa mesma injustiça, de como o cordel se posiciona em face do neoliberalismo e da apartação, de como internaliza e/ou questiona as representações que sustentam a dominação.

A articulação de discursos que legitimam e sustentam a hegemonia neoliberal na literatura de cordel contemporânea se dá ora de maneira disciplinadora – como é o caso do discurso marginalidade no texto aqui analisado –, ora de maneira contestatória – como a articulação do discurso neoliberal em Mestre Azulão.

A análise do folheto *Meninos de rua* evidencia uma postura crítica do autor com relação à retirada do Estado de sua função social. Mestre Azulão capta a separação entre o político e o social, bem como a supremacia do econômico sobre o social. Azulão enfatiza que a única maneira de reverter a situação de precariedade é a retomada do Estado de suas funções redistributivas, questionando a lógica neoliberal de demissão do Estado.

Embora Mestre Azulão demonstre consciência da responsabilidade do Estado no que tange ao problema da infância em situação de rua, sua proposta de solução, baseada na implantação de colônias agrícolas, pode ser questionada por pelo menos dois motivos. Primeiro, porque internaliza o senso comum de que crianças em situação de rua seriam crianças destituídas de laços familiares, podendo ser simplesmente transferidas para o campo, à revelia de sua vontade e de suas famílias. Segundo, porque não capta a profundidade do problema da diferença social e da distribuição desigual de recursos, as quais não são questionadas no texto. A solução proposta acaba por reforçar a lógica da apartação.

O discurso da marginalidade, que representa negativamente as vítimas da apartação responsabilizando-as, de certa forma, por sua situação desprivilegiada na distribuição de recursos, legitima a apartação desses segmentos excluídos da produção moderna. A análise da articulação desse discurso na literatura de cordel serve para evidenciar como a circulação massiva dessas representações do mundo social, em variados tipos de texto e ambientes institucionais, é parte importante da hegemonia. Isso porque o texto analisado evidentemente não objetiva a legitimação da apartação, mas, pela internalização desse discurso, acaba por fazê-lo.

O autor internaliza esse discurso de ampla circulação e o assume como parte do conhecimento que utiliza para sua reflexão a respeito do tema. Nesse sentido, a pesquisa realizada mostra a importância do discurso na manutenção de estruturas hegemônicas de dominação. Entretanto, também há no texto analisado momentos em que o discurso hegemônico do neoliberalismo é contestado, tem sua legitimidade questionada no que tange à demissão do Estado. Isso mostra como o discurso também constitui um foco de luta pela superação de situações de dominação e pela desarticulação de hegemonias. O discurso, então, é palco de luta hegemônica, de acordo com a dialética entre a estrutura e a ação, entre a força hegemônica pela manutenção de estruturas dominantes e a ação contra-hegemônica por sua desarticulação e rearticulação.

Notas

[1] Thompson (1998, p. 30) explica que, embora a palavra "massa" possa sugerir quantidade e passividade dos receptores das formas simbólicas, o termo *comunicação de massa* não se refere à quantidade de indivíduos que recebe os produtos simbólicos, mas ao fato de esses produtos estarem disponíveis em princípio para uma grande pluralidade de destinatários.

[2] Ver seção "A constituição da Análise de Discurso Crítica", do capítulo "Noções preliminares".

[3] Essa expressão foi usada pelo presidente dos EUA, George Bush (pai), em discurso sobre o Estado da União em janeiro de 1991 (Lamazière, 1998, p. 22).

[4] Todos os grifos em exemplos são nossos.

[5] Para Ducrot (1987, pp. 161-218), há polifonia quando se pode distinguir em uma enunciação dois tipos de personagens, os enunciadores e os locutores. Os locutores corresponderiam à voz principal que fala, a do autor, e os enunciadores corresponderiam às vozes alheias representadas.

[6] O símbolo "N" representa o total de ocorrências encontradas no texto.

[7] Todos os exemplos foram assim identificados: o número do exemplo encontra-se sempre alinhado à esquerda, e logo após o exemplo encontra-se a informação referente à estrofe retirada do folheto. Assim, no primeiro exemplo tem-se (1) alinhado à direita e (/02/) após o exemplo, em que (1) representa o número do exemplo e (/02/) indica que o exemplo foi retirado da segunda estrofe do folheto.

[8] Note-se o acróstico de M. Azulão nessa última estrofe do folheto. O uso de acrósticos é uma característica convencional do cordel em seu período de produção tradicional, quando os cordelistas precisavam garantir a autoria, uma vez que era comum o editor comprar os direitos autorais e suprimir o nome do autor da publicação. No período de produção contemporânea, contudo, o uso de acrósticos não é uma prática convencional do gênero.

[9] Veja no exemplo (1) a transcrição completa dessa estrofe.

[10] O exemplo (11) traz a transcrição dessa estrofe.

[11] Veja a estrofe /23/ transcrita no exemplo (3).

[12] A estrofe /22/ encontra-se transcrita no exemplo (11).

[13] A estrofe /27/ consta no exemplo (12).

[14] Veja a estrofe /32/ no exemplo (14).

[15] Fairclough (2003a, p. 112) cita a obra de Wernick intitulada *Promotional Culture*, publicada em Londres, pela Editora Sage, em 1991.

[16] A estrofe /29/ encontra-se transcrita no exemplo (3).

Considerações finais

Esperamos que este livro tenha cumprido, ao menos em parte, alguns de seus objetivos principais. Primeiro, o objetivo de discutir de maneira mais acessível a abordagem teórico-metodológica da ADC, uma vez que não só linguistas mas também pesquisadores(as) de outros ramos científicos utilizam textos como material empírico; segundo, o objetivo de apresentar uma alternativa de tratamento da linguagem que a considera como processo e produto social; terceiro, o de diminuir a distância entre a Linguística e as Ciências Sociais, que precisam dialogar cada vez mais. A necessidade desse diálogo decorre das próprias características do contexto sócio-histórico atual, sustentado por uma minoria que lucra com um tipo de economia baseada em informação e conhecimento e, portanto, baseada na linguagem. Nessa perspectiva, parece questionável a dissociação entre linguagem e sociedade.

É possível notar que, a despeito de a ADC ser uma disciplina relativamente nova, já conta com uma história de desdobramentos à qual subjaz a intenção de superar possíveis limitações linguísticas que permeiam trabalhos com textos. Isso é notável no próprio movimento do modelo tridimensional para o método de ADC, que privilegia a articulação entre práticas sociais na análise, que representa, sobretudo, um movimento do discurso para as práticas sociodiscursivas.

As implicações desse movimento descentralizador nas análises empíricas são importantes, especialmente no que concerne ao foco na dialética e ao caráter emancipatório da prática teórica em ADC. O diálogo crescente entre a Linguística e a Ciência Social Crítica, nas bases teóricas da ADC, foi determinante no processo de abertura da disciplina, que culminou no movimento da centralidade do discurso para a percepção deste como um momento de práticas sociais. Sobre esse percurso, Van Dijk (2003, p. 9) pondera:

> No começo, na América Latina e no resto do mundo, a Análise de Discurso centrou-se, principalmente, na descrição da estrutura dos textos e das conversações ou nos processos psicológicos do discurso. Não obstante, na última década, nos demos conta de que a linguística e a Análise de Discurso são, também, parte das ciências sociais e precisam legitimar sua posição na sociedade.

A legitimação social da análise de discurso que Van Dijk reclama relaciona-se ao papel desempenhado pela disciplina na desarticulação de relações de dominação, ou seja, relaciona-se a seu caráter emancipatório. Segundo Rajagopalan (2003, p. 48), cada vez mais pesquisadores estão se convencendo da "consciência social do linguista", de suas "responsabilidades perante a sociedade". Nesse contexto, o movimento discurso/práticas sociais é central, posto que envolve uma abertura teórico-metodológica que prevê o enfoque das conjunturas como parte do trabalho analítico. Os momentos da prática social estão internamente relacionados em vários níveis, de modo que a análise do momento semiótico deve ser vinculada à análise dos outros momentos da (rede de) práticas.

Essa abordagem de ADC é mais complexa que a abordagem anterior e tem acarretado uma ampliação do caráter emancipatório da disciplina. Primeiro, porque possibilita maior abertura nas análises e, segundo, mas não menos importante, porque incita, mais que o modelo tridimensional, o interesse na análise de práticas problemáticas decorrentes de relações exploratórias. Uma consequência do diálogo profícuo entre Linguística e Ciência Social Crítica é uma consolidação do papel do(a) linguista crítico(a) como agente na luta pela transformação de práticas sociais de dominação. Tomando de empréstimo as palavras de Rajagopalan (2003, p. 123), podemos afirmar que "o linguista vai recuperando seu papel de cientista social, com um importante serviço a prestar à comunidade e, com isso, contribuir para a melhoria das condições de vida dos setores menos privilegiados da sociedade".

Conforme se discutiu, o estreitamento teórico entre a ADC e a Ciência Social Crítica foi exemplarmente levado a cabo pela obra *Discourse in Late Modernity*, de Chouliaraki e Fairclough (1999), em que a autora e o autor abrem diálogo com teóricos como Giddens, Harvey, Bourdieu e Bernstein. Embora Chouliaraki e Fairclough tenham apresentado um complexo arcabouço para análise de discurso socialmente orientada, a obra deixou uma lacuna importante no que se refere às ferramentas para análise linguística propriamente dita. Essa lacuna foi suprimida em *Analysing Discourse*, uma vez que a obra fornece um arcabouço dirigido especificamente para a análise textual. Por isso consideramos as duas obras como complementares: não se trata de um modelo que venha superar o modelo anterior, mas de duas ferramentas a serem utilizadas juntas.

De acordo com a dialética entre discurso e prática social, as categorias textuais devem ser relacionadas às questões sociais derivadas do problema, da conjuntura, da função do problema na prática, dos obstáculos estruturais para a eliminação do problema, em uma abordagem ampla baseada no enquadre teórico-metodológico proposto em 1999. O próprio Fairclough (2003a, p. 209) relaciona os dois enquadramentos, sugerindo que sua proposta de análise textual seja utilizada em análises discursivas seguindo o arcabouço de Chouliaraki e Fairclough (1999).

A proposta de 2003 tem o duplo mérito de potencializar o diálogo entre a ADC e a LSF, recontextualizando e operacionalizando conceitos fundamentais de Halliday, e de apresentar um rico arcabouço para análise textual, suprindo a deficiência da proposta de Chouliaraki e Fairclough em relação à definição de categorias especificamente linguísticas. Nesse sentido, o livro realiza o objetivo de transcender a divisão entre a pesquisa inspirada pela Ciência Social, que tende a não analisar textos, e a pesquisa inspirada pela Linguística, que tende a não se engajar com questões teóricas da Ciência Social. Isso porque a análise textual é concebida não apenas como a análise das relações internas mas também das relações externas de textos, isto é, de suas relações com outros elementos de eventos, práticas e estruturas sociais. Utilizado ao lado do enquadre para ADC de Chouliaraki e Fairclough, esse arcabouço para análise textual pode constituir ferramenta poderosa para pesquisas em linguagem que não se isentem do enfoque social e para pesquisas em ciências sociais que não se furtem reconhecer a relevância da linguagem nas práticas sociais contemporâneas.

A Ciência Social Crítica (CSC) é definida como a abordagem da Ciência Social cujo objeto de estudo é a relação entre esferas da vida social e a atividade econômica, política e cultural (Chouliaraki e Fairclough, 1999). A ADC, por sua vez, é uma forma de CSC, cujo objetivo é "lançar luz sobre os problemas que as pessoas enfrentam por efeito de formas particulares da vida social". Com objetivos emancipatórios, a ADC dedica especial atenção aos problemas enfrentados por aqueles "que podemos denominar vagamente como 'perdedores' – os pobres, os excluídos sociais, as pessoas sujeitas a relações opressoras" (Fairclough, 2003b, p. 185).

É esse o significado do "c" em ADC. Em outras palavras, a ADC é uma prática teórica *crítica* porque se baseia na premissa de que situações opressoras podem mudar, ou melhor, podem ser mudadas, visto que são criações sociais e, como tal, são passíveis de serem transformadas socialmente. Para Rajagopalan (2003, p. 12), é essa premissa "de ordem existencial" que distingue a teoria tradicional da teoria crítica – esta última não se contenta em descrever e teorizar os problemas sociais, objetiva participar ativamente em processos de mudança. E a linguagem constitui um foco inescapável na persecução desse objetivo, visto que é "palco de intervenção política", em que se travam disputas pela estruturação, desestruturação e reestruturação de hegemonias, em que se constroem identidades, se veiculam ideologias.

Não é à toa, então, que diversos teóricos da CSC têm-se voltado para a linguagem e que cada vez mais linguistas têm-se conscientizado do papel crítico que a Linguística pode – e deve – desempenhar. Não obstante, é de se admitir que, pelo menos no Brasil, ainda há pressões contrárias ao diálogo entre a Linguística e as Ciências Sociais. Existem, ainda, os(as) empenhados(as) em desacreditar o embasamento linguístico da análise de discurso. Sobre a necessidade de renovação da Linguística nesse contexto, Rajagopalan (2003, p. 25) pontua: "nós, linguistas, devemos, com urgência, rever muitos dos conceitos e das categorias com os quais estamos acostumados a trabalhar, no intuito de torná-los mais adequados às mudanças estonteantes, principalmente em nível social, geopolítico e cultural, em curso neste início de milênio". Daí a importância de se pensar as categorias linguísticas em sua relação com conceitos de caráter sociológico. Esse é, sem dúvida, um dos principais méritos da Análise de Discurso Crítica.

Bibliografia

ABREU, M. *Histórias de cordéis e folhetos*. Campinas: Mercado de Letras, 1999.

ALTHUSSER, L. *Aparelhos ideológicos de Estado*: nota sobre os aparelhos ideológicos de Estado. Rio de Janeiro: Graal, 1985.

ÂNGELO, A. *A presença de cordelistas e cantadores repentistas em São Paulo*. São Paulo: Ibrasa, 1996.

ARAÚJO, C. H. Migrações e vida nas ruas. In: BURSZTYN, M. (org.). *No meio da rua*: nômades, excluídos e viradores. Rio de Janeiro: Garamond, 2003, pp. 88-120.

BAKHTIN, M. *Estética da criação verbal*. São Paulo: Martins Fontes, 1997.

_____. *Marxismo e filosofia da linguagem*. São Paulo: Hucitec, 2002.

BARELLA, J. E. O califado do medo. *Veja*. São Paulo: Abril, ed. 1.788, ano 36, n. 5, 5 fev. 2002, pp. 66-73.

BATISTA, S. N. *Antologia da literatura de cordel*. Natal: Gráfica Manimbu, 1977.

BHASKAR, R. *The Possibility of Naturalism*: a philosophical critique of the contemporary Human Sciences. Hemel Hempstead: Harvester Wheatsheaf, 1989.

BOURDIEU, P. (coord.). *A miséria do mundo*. Petrópolis: Vozes, 1997.

_____. *Contrafogos*: táticas para enfrentar a invasão neoliberal. Rio de Janeiro: Jorge Zahar, 1998.

_____. *O poder simbólico*. Rio de Janeiro: Bertrand Brasil, 2003.

BUARQUE, C. *Admirável mundo atual*: dicionário pessoal dos horrores e esperanças do mundo globalizado. São Paulo: Geração, 2001.

_____. *O que é apartação*: o apartheid social no Brasil. São Paulo: Brasiliense, 2003.

BUSH, G. W. *President Delivers "State of the Union"*. Disponível em: <www.whitehouse.gov/news/releases/2003/01/20030128-19.html>. Acesso em 10/10/2004.

CASTELLS, M. *O poder da identidade*. São Paulo: Paz e Terra, 1999.

CEVASCO, M. E. Prefácio. In: JAMESON, F. (org.). *A cultura do dinheiro*: ensaios sobre a globalização. Petrópolis: Vozes, 2001, pp. 7-16.

CHARAUDEAU, P.; MAINGUENEAU, D. *Dicionário de análise do discurso*. São Paulo: Contexto, 2004.

CHOULIARAKI, L.; FAIRCLOUGH, N. *Discourse in Late Modernity. Rethinking critical discourse analysis*. Edinburgh: Edinburgh University Press, 1999.

DUCROT, O. *O dizer e o dito*. Campinas: Pontes, 1987.

EAGLETON, T. *Ideologia*: uma introdução. São Paulo: Unesp/Boitempo, 1997.

FAIRCLOUGH, N. *Language and Power*. New York: Longman, 1989.

_____. *Discourse and Social Change*. Cambridge: Polity Press, 1992.

_____. *Critical Discourse Analysis*: papers in the critical study of language. London: Longman, 1995.

_____. Discurso, mudança e hegemonia. In: PEDRO, E. R. (org.). *Análise crítica do discurso*: uma perspectiva sociopolítica e funcional. Lisboa: Caminho, 1997, pp. 77-104.

_____. *Discurso e mudança social*. Brasília: Editora UnB, 2001a.

_____. A análise crítica do discurso e a mercantilização do discurso público: as universidades. In: MAGALHÃES, C. (org.). *Reflexões sobre a análise crítica do discurso*. Belo Horizonte: Faculdade de Letras, UFMG, 2001b, pp. 31-82.

_____. *Analysing Discourse*: textual analysis for social research. London: Routledge, 2003a.

_____. El análisis crítico del discurso como método para la investigación en ciencias sociales. In: WODAK, R.; MEYER, M. (comp.) *Métodos de análisis crítico del discurso*. Barcelona: Gedisa, 2003b, pp. 179-204.

FOUCAULT, M. *Vigiar e punir*: história da violência nas prisões. Petrópolis: Vozes, 1997.

_____. *A ordem do discurso*. São Paulo: Loyola, 2003.

GALVÃO, A. M. O. *Cordel*: leitores e ouvintes. Belo Horizonte: Autêntica, 2001.

GIDDENS, A. *A constituição da sociedade*. São Paulo: Martins Fontes, 1989.

_____. *As consequências da modernidade*. São Paulo: Unesp, 1991.

_____. *Modernidade e identidade*. Rio de Janeiro: Jorge Zahar, 2002.

_____.; BECK, U.; LASH, S. (org.). *Modernização reflexiva*: política, tradição e estética na ordem social moderna. São Paulo: Unesp, 1997.

GRAMSCI, A. *A Gramsci Reader*: selected writings 1916-1935. FORGACS, David (org.). London: Lawrence and Wishart, 1988.

_____. *Concepção dialética da história*. Rio de Janeiro: Civilização Brasileira, 1995.

HABERMAS, J. *O discurso filosófico da modernidade*. São Paulo: Martins Fontes, 2002.

_____. *Mudança estrutural da esfera pública*: investigações quanto a uma categoria da sociedade burguesa. Rio de Janeiro: Tempo Brasileiro, 2003.

HALL, S. Quem precisa de identidade? In: SILVA, T. T. (org.) *Identidade e diferença*: a perspectiva dos estudos culturais. Petrópolis: Vozes, 2000, pp. 103-33.

HALLIDAY, M. A. K. The Functional Basis of Language. In: BERNSTEIN, B. (ed.) *Class, Codes and Control*. London: Routledge & Kegan Paul, 1973, pp. 343-66.

_____. *An Introduction to Functional Grammar*. London: British Library Cataloguing in Publication Data, 1985.

_____. Context of Situation. In: HALLIDAY, M. A. K.; HASAN, R. (org.) *Language, Context and Text*: aspects of language in a social-semiotic perspective. London: Oxford University Press, 1991, pp. 3-28.

HARDT, M.; NEGRI, A. *Império*. Rio de Janeiro: Record, 2004.

HARVEY, D. *Condição pós-moderna*: uma pesquisa sobre as origens da mudança cultural. São Paulo: Loyola, 1992.

_____. *Justice, Nature and the Geography of a Diference*. London: Blackwell, 1996.

_____. *El nuevo imperialismo*. Madri: Akal, 2004.

HOBSBAWN, E. *Era dos extremos*. São Paulo: Companhia das Letras, 1995.

JAMESON, F. *A cultura do dinheiro*: ensaios sobre a globalização. Petrópolis: Vozes, 2001.

LACLAU, E.; MOUFFE, C. *Hegemonía y estrategia socialista*: hacia una radicalización de la democracia. Buenos Aires: Fondo de Cultura Económica de Argentina, 2004.

LAKOFF, G.; JOHNSON, M. *Metáforas da vida cotidiana*. Campinas: Mercado de Letras; São Paulo: Educ, 2002.

_____. *Metaphors of terror*. Disponível em: <www.press.uchicago.edu/News/911lakoff.html>. Acessado em 08/11/2004.

LAMAZIÈRE, G. *Ordem, hegemonia e transgressão*. Brasília: Instituto Rio Branco; Fundação Alexandre de Gusmão; Centro de Estudos Estratégicos, 1998.

LASH, S. A reflexividade e seus duplos: estrutura, estética, comunidade. In: GIDDENS, A.; ULRICH, G.; LASH, S. *Modernização reflexiva*: política, tradição e estética na ordem social moderna. São Paulo: Unesp, 1997, pp. 135-206.

MAGALHÃES, I. Prefácio. In: FAIRCLOUGH, N. *Discurso e mudança social*. Brasília: Editora da UnB, 2001, pp. 11-4.

_____. Introdução: a Análise de Discurso Crítica. In: D. E. L. T. A. São Paulo: Educ, 2005, v. 21, n. especial, pp. 1-11.

MAINGUENEAU, D. *Novas tendências em análise do discurso*. Campinas: Pontes/Unicamp, 1997.

MARCUSCHI, L. A. Discurso, cognição e gramática nos processos de textualização. In: SILVA, D. E. G. (org.). *Nas instâncias do discurso*: uma permeabilidade entre fronteiras. Brasília: Editora da UnB, 2005, pp. 21-35.

MARX, K.; ENGELS, F. *A ideologia alemã*. São Paulo: Martins Fontes, 2002.

NEVES, M. H. M. *A gramática funcional*. São Paulo: Martins Fontes, 1997.

RAJAGOPALAN, K. *Por uma linguística crítica*: linguagem, identidade e a questão ética. São Paulo: Parábola, 2003.

RAMALHO, V. C. V. S. *O discurso da imprensa brasileira sobre a invasão anglo-saxônica ao Iraque*. Brasília: UnB, 2005a. Dissertação (Mestrado em Linguística).

_____. Representação metafórica da invasão anglo-saxônica ao Iraque: o discurso da mídia brasileira. *Atas do VII ENIL:* VII Encontro Nacional de Interação em Linguagem Verbal e Não Verbal; I Simpósio Internacional de Análise de Discurso Crítica. CD-ROM. Brasília: UnB, 2005b.

_____. A construção do significado "Eixo do Mal" no discurso midiático brasileiro. *Atas eletrônicas do II Encontro Nacional do GELCO*: II Encontro Nacional do Grupo de Estudos de Linguagem do Centro-Oeste. Brasília: UnB, 2003, pp. 900-5. Disponível em: <http://gelco.crucial.com.br/volume2.pdf.>. Acessado em 10/02/2006.

RESENDE, V. M. L'injustice sociale et la littérature populaire brésilienne: une analyse critique du livret de cordel Enfants de rue et le Massacre de la Candelária. In: POSTIGO, M. L. (org.). *Research Papers Presented at the First International Conference on CDA*. València: Universitat de València, Servei de Publicacions, 2004, pp. 1-21. [CD-ROM].

_____. *Literatura de cordel no contexto do novo capitalismo*: o discurso sobre a infância nas ruas. Brasília: UnB, 2005a. Dissertação (Mestrado em Linguística).

_____. Literatura de cordel no Brasil: transformações nas práticas discursiva e social. *Congreso Cátedra da Unesco para la lectura y escritura:* leer y escribir en un mundo cambiante. Concepción: Grupo Editor Tridente, 2005b, pp. 13-9.

_____. A relação entre literatura de cordel e mídia: uma reflexão acerca das implicações para o gênero na modernidade tardia. *III COLLEC: Colóquio Ler: Literatura, Ensino e Cidadania*. Brasília: UnB, 2005c (no prelo).

_____.; RAMALHO, V. C. S. Análise de Discurso Crítica, do modelo tridimensional à articulação entre práticas: implicações teórico-metodológicas. *Linguagem em (dis)curso*. Tubarão, v. 5, n. 1, jul./dez. 2004, pp. 185-207.

SAUSSURE, F. *Curso de Linguística geral*. São Paulo. Cultrix, 1981.

SCHIFFRIN, D. *Approaches to Discourse*. London: Blackwell, 1994.

SILVA, T. T. *Identidade e diferença*: a perspectiva dos estudos culturais. Petrópolis: Vozes, 2000.

SOARES, L. T. *O desastre social*. Rio de Janeiro: Record, 2003.

STIGLITZ, Joseph. E. *A globalização e seus malefícios*. São Paulo: Futura, 2002.

SWALES, J. *Genre Analysis*: English in academic and research settings. Cambridge: Cambridge University Press, 1990.

THOMPSON, J. B. *Ideologia e cultura moderna*. Petrópolis: Vozes, 1995.

_____. *A mídia e a modernidade*. Petrópolis: Vozes, 1998.

VAN DIJK, T. Prólogo. In: BERARDI, L. (org.). *Análisis Crítico del Discurso:* perspectivas latinoamericanas. Santiago del Chile: Frasis, 2003, pp. 9-15.

VAN LEEUWEN, T. A representação dos atores sociais. In: PEDRO, E. R. (org.) *Análise crítica do discurso*: uma perspectiva sociopolítica e funcional. Lisboa: Caminho, 1997, pp. 169-222.

WODAK, R. De qué trata el análisis crítico del discurso (ACD). Resumen de su historia, sus conceptos fundamentales y sus desarrollos. In: WODAK, R.; MEYER, M. (comp.) *Métodos de Análisis Crítico del Discurso*. Barcelona: Gedisa, 2003, pp. 17-34.